PALABRAS
DE
DIOS

PARA
LÍDERES

DE LA
NUEVA VERSIÓN INTERNACIONAL

CONTENIDO

PALABRAS DE DIOS PARA LÍDERES SOBRE

SUJECIÓN

MODELOS DE SUJECIÓN

Los líderes eficientes rinden cuentas como todos los demás en el equipo. Para mantener tal disposición debe haber sinceridad total. Los líderes hábiles reciben sin cesar informes de los que trabajan por encima, a la par y por debajo de ellos. La ausencia de tal estructura para rendir cuentas guiará al líder a una crisis de carácter y liderazgo.

David fue el rey que tenía de todo. Disfrutó de un caminar íntimo con Dios, una familia, estabilidad política y una serie de victorias militares sin interrupción. Lo que no tenía era la esposa de Urías. Y era eso lo que quería. Mientras el resto del ejército estaba en la guerra, él se quedó en casa. Al parecer, nadie se atrevió a cuestionar si era apropiado su descanso. Sin tener a quién responder, David cometió actos de adulterio y homicidio según 2 Samuel 11.

Esta tragedia destaca lo que puede ocurrir cuando los líderes no crean una estructura en la que están obligados a rendir cuentas de cómo invierten su tiempo privado y profe-

---

sional. Mientras que David podía ocultar sus pecados a sus allegados, no los pudo encubrir de Dios. Un día, el profeta Natán enfrentó a David. El rey descubrió que hasta los reyes tienen que rendir cuentas por sus acciones.

Los líderes sabios no esperan a una crisis para establecer un sistema sujeción. Establecen estructuras y relaciones que contienen su pecado y desatan su potencial. Al final, Dios va a pedir cuentas a cada líder. ¿Tienes alguien a quien rindes cuentas por tu vida privada y profesional?

Cuiden como pastores el rebaño de Dios que está a su cargo, no por obligación ni por ambición de dinero, sino con afán de servir, como Dios quiere. No sean tiranos con los que están a su cuidado, sino sean ejemplos para el rebaño. Así, cuando aparezca el Pastor supremo, ustedes recibirán la inmarcesible corona de gloria.

1 PEDRO 5:2-4

SUJECIÓN

————

Pero tú ves la opresión y la violencia, las tomas en cuenta y te harás cargo de ellas. Las víctimas confían en ti; tú eres la ayuda de los huérfanos.

SALMO 10:14

El SEÑOR recorre con su mirada toda la tierra, y está listo para ayudar a quienes le son fieles.

2 CRÓNICAS 16:9

Dichoso el hombre que no sigue el consejo de los malvados, ni se detiene en la senda de los pecadores ni cultiva la amistad de los blasfemos.

SALMO 1:1

—No está bien lo que estás haciendo —le respondió {a Moisés} su suegro—, pues te cansas tú y se cansa la gente que te acompaña. La tarea es demasiado pesada para ti; no la puedes desempeñar tú solo. Oye bien el consejo que voy a darte, y que Dios te ayude. Tú debes representar al pueblo ante Dios y presentarle los problemas que ellos tienen. A ellos los debes instruir en las leyes y en las enseñanzas de Dios, y darles a conocer la conducta que deben llevar y las obligaciones que

SUJECIÓN

———

deben cumplir. Elige tú mismo entre el pueblo hombres capaces y temerosos de Dios, que amen la verdad y aborrezcan las ganancias mal habidas, y desígnalos jefes de mil, de cien, de cincuenta y de diez personas. Serán ellos los que funjan como jueces de tiempo completo, atendiendo los casos sencillos, y los casos difíciles te los traerán a ti. Eso te aligerará la carga, porque te ayudarán a llevarla. Si pones esto en práctica y Dios así te lo ordena, podrás aguantar; el pueblo, por su parte, se irá a casa satisfecho.

ÉXODO 18:17-23

El obispo tiene a su cargo la obra de Dios, y por lo tanto debe ser intachable: no arrogante, ni iracundo, ni borracho, ni violento, ni codicioso de ganancias mal habidas. Al contrario, debe ser hospitalario, amigo del bien, sensato, justo, santo y disciplinado. Debe apegarse a la palabra fiel, según la enseñanza que recibió, de modo que también pueda exhortar a otros con la sana doctrina y refutar a los que se opongan.

TITO 1:7-9

LA INNOVACIÓN
DEL CAMBIO

Un esposo le preguntó a la esposa:
«¿Por qué cortamos los extremos de
un trozo de carne antes de cocinarlo?»

«Porque mi madre lo hacía así», respondió.

El esposo curioso llamó a su suegra para
hacerle la misma pregunta. Cuando ella le dio
la misma respuesta, llamó a la abuela. La
dama anciana rió y dijo: «No sé por qué *ellas*
cortaban los extremos, pero yo lo hacía para
que cupiera en mi cacerola.»

Esa historia ilustra cómo la mayoría de las
prácticas comienzan para cumplir un propósito. Sin embargo, con el tiempo, hasta las
mejores prácticas pueden perder utilidad.
Hace falta un gran líder para saber cuándo
debe cambiar algo. Sin duda, Jesús entendía
la función del cambio y reprendió a los que se
oponían a la innovación.

Los fariseos chocaron con Jesús porque no
forzaba a sus discípulos a ayunar. Jesús les
informó que no vino para agregar algunas
nuevas reglas al judaísmo. No vino a remen-
dar un viejo sistema. Tal empresa sería tan

———

tonta como poner un parche de tela nuevo a
una vestimenta vieja o poner vino nuevo en
un odre viejo. Cuando el vino fermente, esta-
llaría el odre. Las viejas costumbres del
judaísmo nunca podrían contener el espíritu
del mensaje de Jesús.

Jesús era un innovador. Un transformador.
Todo líder eficiente debe serlo también.

Si alguno está en Cristo, es una nueva creación.
¡Lo viejo ha pasado, ha llegado ya lo nuevo!

2 CORINTIOS 5:17

Pero el día del Señor vendrá como un ladrón.
En aquel día los cielos desaparecerán con un
estruendo espantoso, los elementos serán
destruidos por el fuego, y la tierra, con todo
lo que hay en ella, será quemada. Ya que todo
será destruido de esa manera, ¿no deberían
vivir ustedes como Dios manda, siguiendo
una conducta intachable.

2 PEDRO 3:10-11

Jesucristo es el mismo ayer y hoy y por los siglos.

HEBREOS 13:8

CAMBIO

Pondré mis leyes en su mente y las escribiré en su corazón. Yo seré su Dios, y ellos serán mi pueblo. Ya no tendrá nadie que enseñar a su prójimo, ni dirá nadie a su hermano: «¡Conoce al Señor!», porque todos, desde el más pequeño hasta el más grande, me conocerán. Yo les perdonaré sus iniquidades, y nunca más me acordaré de sus pecados.

HEBREOS 8:10-12

Yo, el SEÑOR, no cambio. Por eso ustedes, descendientes de Jacob, no han sido exterminados.

MALAQUÍAS 3:6

El Padre que creó las lumbreras celestes ... no cambia como los astros ni se mueve como las sombras.

SANTIAGO 1:17

En verdad, el que es la Gloria de Israel no miente ni cambia de parecer, pues no es hombre para que se arrepienta.

1 SAMUEL 15:29

Todo aquello que para mí era ganancia, ahora lo considero pérdida por causa de Cristo.

FILIPENSES 3:7

CAMBIO

———

Dios no es un simple mortal para mentir y cambiar de parecer. ¿Acaso no cumple lo que promete ni lleva a cabo lo que dice?

NÚMEROS 23:19

Pero ahora, al morir a lo que nos tenía subyugados, hemos quedado libres de la ley, a fin de servir a Dios con el nuevo poder que nos da el Espíritu, y no por medio del antiguo mandamiento escrito.

ROMANOS 7:6

Ya que han resucitado con Cristo, busquen las cosas de arriba, donde está Cristo sentado a la derecha de Dios. Concentren su atención en las cosas de arriba, no en las de la tierra, pues ustedes han muerto y su vida está escondida con Cristo en Dios.

COLOSENSES 3:1-3

Sin embargo, ustedes no viven según la naturaleza pecaminosa sino según el Espíritu, si es que el Espíritu de Dios vive en ustedes.

ROMANOS 8:9

CAMBIO

Con respecto a la vida que antes llevaban, se
les enseñó que debían quitarse el ropaje de la
vieja naturaleza, la cual está corrompida por
los deseos engañosos; ser renovados en la actitud de su mente; y ponerse el ropaje de la
nueva naturaleza, creada a imagen de Dios, en
verdadera justicia y santidad.

EFESIOS 4:22-24

Cuando yo era niño, hablaba como niño,
pensaba como niño, razonaba como niño;
cuando llegué a ser adulto, dejé atrás las cosas
de niño.

1 CORINTIOS 13:11

Sabemos que nuestra vieja naturaleza fue cru-
cificada con él para que nuestro cuerpo peca-
minoso perdiera su poder, de modo que ya no
siguiéramos siendo esclavos del pecado; porque el que muere queda liberado del pecado.

ROMANOS 6:6-7

Jesús dijo: «Nadie remienda un vestido viejo
con un retazo de tela nueva, porque el
remiendo fruncirá el vestido y la rotura se

---

hará peor. Ni tampoco se echa vino nuevo en
odres viejos. De hacerlo así, se reventarán los
odres, se derramará el vino y los odres se
arruinarán. Más bien, el vino nuevo se echa en
odres nuevos, y así ambos se conservan.»

MATEO 9:16-17

Presten atención, que estoy por crear un cielo
nuevo y una tierra nueva. No volverán a men-
cionarse las cosas pasadas, ni se traerán a la
memoria. Alégrense más bien, y regocíjense
por siempre, por lo que estoy a punto de
crear: Estoy por crear una Jerusalén feliz, un
pueblo lleno de alegría.

ISAÍAS 65:17-18

Olviden las cosas de antaño; ya no vivan en el
pasado. ¡Voy a hacer algo nuevo! Ya está suce-
diendo, ¿no se dan cuenta? Estoy abriendo un
camino en el desierto, y ríos en lugares deso-
lados.

ISAÍAS 43:18-19

Una realidad interna

Lo más probable es que la cualidad interna de las personas que aprecias es el carácter interno. Los líderes cultivan el carácter mediante la adquisición de sabiduría y conocimiento. Por supuesto que estas posesiones no vienen sin costo. Requieren un tipo de esfuerzo paciente y dedicado como el que se usa en la minería de oro y plata. Al cavar, debemos pedirle a Dios que nos otorgue sabiduría y conocimiento. Al fin y al cabo, solo Dios puede abrir nuestros ojos a la verdad espiritual para que podamos aplicarla a la vida. A medida que Dios llena nuestra mente con sabiduría, nuestro carácter se desarrolla para que poseamos la habilidad de tomar decisiones buenas, justas, equitativas y morales.

¿De dónde salen las personas con tales ideales y conocimiento? El carácter no es una técnica externa, sino una realidad interna. A la gente no le impresiona la fachada ni la manipulación, sino la autenticidad y los que genuinamente se interesan por los demás. Es asombroso lo que Dios puede hacer con una persona

———

que desea crecer en lo personal y desarrollar el carácter. La gran noticia es que Dios desea que crezcamos al máximo. Por eso nos redimió. Dios quiere ayudarnos a desarrollar el carácter.

Al procurar tener la sabiduría de Dios, podremos avanzar más allá de una simple visión y despliegue de valores de líder. Nuestro carácter será en verdad santo, para que otros se deleiten en seguirnos.

Hermanos míos, ¿de qué le sirve a uno alegar que tiene fe, si no tiene obras? ¿Acaso podrá salvarlo esa fe? Supongamos que un hermano o una hermana no tienen con qué vestirse y carecen del alimento diario, y uno de ustedes les dice: «Que les vaya bien; abríguense y coman hasta saciarse», pero no les da lo necesario para el cuerpo. ¿De qué servirá eso?

SANTIAGO 2:14-16

Así que en todo traten ustedes a los demás tal y como quieren que ellos los traten a ustedes. De hecho, esto es la ley y los profetas.

MATEO 7:12

———

—"Ama al Señor tu Dios con todo tu
corazón, con todo tu ser y con toda tu mente"
—le respondió Jesús—. Éste es el primero y
el más importante de los mandamientos. El
segundo se parece a éste: "Ama a tu prójimo
como a ti mismo." De estos dos mandamientos dependen toda la ley y los profetas.

MATEO 22:37-40

Toda la ley se resume en un solo mandamiento: «Ama a tu prójimo como a ti mismo.»

GÁLATAS 5:14

¿Quién, SEÑOR, puede habitar en tu santuario? ¿Quién puede vivir en tu santo monte?
Solo el de conducta intachable, que practica la
justicia y de corazón dice la verdad; que no
calumnia con la lengua, que no le hace mal a
su prójimo ni le acarrea desgracias a su veci-
no; que desprecia al que Dios reprueba, pero
honra al que teme al SEÑOR; que cumple lo
prometido aunque salga perjudicado; que
presta dinero sin ánimo de lucro, y no acepta
sobornos que afecten al inocente. El que así
actúa no caerá jamás.

SALMO 15:1-5

En cambio, el fruto del Espíritu es amor, alegría, paz, paciencia, amabilidad, bondad, fidelidad, humildad y dominio propio. No hay ley que condene estas cosas.

GÁLATAS 5:22-23

¡Ya se te ha declarado lo que es bueno! Ya se te ha dicho lo que de ti espera el SEÑOR: Practicar la justicia, amar la misericordia, y humillarte ante tu Dios.

MIQUEAS 6:8

Pero lo que sale de la boca viene del corazón y contamina a la persona. Porque del corazón salen los malos pensamientos, los homicidios, los adulterios, la inmoralidad sexual, los robos, los falsos testimonios y las calumnias.

MATEO 15:18-19

Aleja de mí la falsedad y la mentira; no me des pobreza ni riquezas sino solo el pan de cada día. Porque teniendo mucho, podría desconocerte y decir: «¿Y quién es el SEÑOR?» Y teniendo poco, podría llegar a robar y deshonrar así el nombre de mi Dios.

PROVERBIOS 30:8-9

CARÁCTER

¿Quién puede subir al monte del SEÑOR?
¿Quién puede estar en su lugar santo? Solo el
de manos limpias y corazón puro, el que no
adora ídolos vanos ni jura por dioses falsos.

SALMO 24:3-4

Más vale pobre pero honrado, que rico pero
perverso.

PROVERBIOS 28:6

Y no solo en esto, sino también en nuestros
sufrimientos, porque sabemos que el sufrimiento
produce perseverancia; la perseverancia, entereza
de carácter; la entereza de carácter, esperanza.

ROMANOS 5:3-4

Pero ten cuidado de no olvidar al SEÑOR tu
Dios. No dejes de cumplir sus mandamientos,
normas y preceptos que yo te mando hoy.

DEUTERONOMIO 8:11

Si hubiéramos olvidado el nombre de nuestro
Dios, o tendido nuestras manos a un dios
extraño, ¿acaso Dios no lo habría descubierto,
ya que él conoce los más íntimos secretos?

SALMO 44:20-21

COMPROMISO

UN COMPROMISO MÁS PROFUNDO

Las relaciones de calidad se fundamentan en la roca del compromiso, no en la arena movediza de los sentimientos o las emociones. El liderazgo eficiente se origina en el compromiso con las causas justas. Dios nos llama a ser un pueblo comprometido, primero a él y luego a los demás. Como seguidores de Cristo, el compromiso singular más importante en la vida es con Dios. Cualquier éxito verdadero (y eterno) que podamos tener como líderes surgirá de ese compromiso.

El apóstol Pablo nos insta a dedicarnos a Dios. En vista de la misericordia de Dios, que nos justifica, santifica y un día nos glorificará, debemos ofrecernos a él como sacrificios vivos. En otras palabras, debemos dejar que la misericordia de Dios cumpla esta obra adicional en nuestra vida. Debiéramos dejar que esto nos impulse a un compromiso absoluto. En algún momento debiéramos sentir la motivación de la misericordia de Dios para dedicarnos a él. Cuando damos este paso, reconocemos el liderazgo de Cristo en nuestra vida. Sacrificamos los

---

deseos mezquinos y ambiciones desviadas al esforzarnos por alinearnos con la voluntad de Dios. Una vez que ocurre este acto de compromiso, nuestros talentos y sueños se rendirán a este propósito. Y cuanto más nos dejemos guiar por él, más nos bendecirá y utilizará.

¿Estás completamente comprometido con Cristo? Si no, considera hacerlo ahora mismo. Si eres un fiel seguidor de Cristo, quizá desees renovar ese compromiso.

Pero Daniel se propuso no contaminarse con la comida y el vino del rey, así que le pidió al jefe de oficiales que no lo obligara a contaminarse.

DANIEL 1:8

¿Quién, SEÑOR, puede habitar en tu santuario? ¿Quién puede vivir en tu santo monte? Solo el de conducta intachable, que practica la justicia y de corazón dice la verdad.

SALMO 15:1-2

También han oído que se dijo a sus antepasados: «No faltes a tu juramento, sino cumple con tus promesas al Señor.» Pero yo les digo: No juren de ningún modo: ni por el cielo, por-

---

que es el trono de Dios; ni por la tierra, porque
es el estrado de sus pies; ni por Jerusalén, porque es la ciudad del gran Rey. Tampoco jures
por tu cabeza, porque no puedes hacer que ni
uno solo de tus cabellos se vuelva blanco o
negro. Cuando ustedes digan «sí», que sea real-
mente sí; y cuando digan «no», que sea no.
Cualquier cosa de más, proviene del maligno.

MATEO 5:33-37

Y el que jura por el cielo, jura por el trono de
Dios y por aquel que lo ocupa.

MATEO 23:22

Sobre todo, hermanos míos, no juren ni por el
cielo ni por la tierra ni por ninguna otra cosa.
Que su «sí» sea «sí», y su «no», «no», para
que no sean condenados.

SANTIAGO 5:12

Todo el que se descarría y no permanece en la
enseñanza de Cristo, no tiene a Dios; el que
permanece en la enseñanza sí tiene al Padre y
al Hijo.

2 JUAN 9

COMPROMISO

No formen yunta con los incrédulos. ¿Qué tienen en común la justicia y la maldad? ¿O qué comunión puede tener la luz con la oscuridad?

2 CORINTIOS 6:14

No se amolden al mundo actual, sino sean transformados mediante la renovación de su mente. Así podrán comprobar cuál es la voluntad de Dios, buena, agradable y perfecta.

ROMANOS 12:2

A cualquiera que me reconozca delante de los demás, yo también lo reconoceré delante de mi Padre que está en el cielo. Pero a cualquiera que me desconozca delante de los demás, yo también lo desconoceré delante de mi Padre que está en el cielo.

MATEO 10:32-33

Samuel respondió: «¿Qué le agrada más al SEÑOR: que se le ofrezcan holocaustos y sacrificios, o que se obedezca lo que él dice? El obedecer vale más que el sacrificio, y el prestar atención, más que la grasa de carneros.

1 SAMUEL 15:22

Hoy les doy a elegir entre la bendición y la maldición: bendición, si obedecen los mandamientos que yo, el SEÑOR su Dios, hoy les mando obedecer; maldición, si desobedecen los mandamientos del SEÑOR su Dios y se apartan del camino que hoy les mando seguir, y se van tras dioses extraños que jamás han conocido.

DEUTERONOMIO 11:26-28

Si hubieras prestado atención a mis mandamientos, tu paz habría sido como un río; tu justicia, como las olas del mar.

ISAÍAS 48:18

SEÑOR, tú estableces la paz en favor nuestro, porque tú eres quien realiza todas nuestras obras.

ISAÍAS 26:12

Haré que haya coherencia entre su pensamiento y su conducta, a fin de que siempre me teman, para su propio bien y el de de sus hijos. Haré con ellos un pacto eterno: Nunca dejaré de estar con ellos para mostrarles mi favor; pondré mi temor en sus corazones, y así no se apartarán de mí.

JEREMÍAS 32:39-40

COMUNICACIÓN

COMUNICACIÓN
EFICAZ

Puesto que Dios nos creó a su imagen, somos seres personales, relacionales y comunicadores. El hecho no es si nos vamos a comunicar, sino cuán eficiente y apropiada será nuestra comunicación.

Ningún líder que no se puede comunicar bien podrá tener un liderazgo eficiente ni prolongado. La mayoría de los líderes gastan grandes cantidades de tiempo y energía desarrollando otras habilidades, como planeamiento a largo plazo, administración del tiempo y la oratoria pública. Sin embargo, ¿qué hacen para dedicar tiempo al desarrollo del arte de *escuchar*? Escuchar conduce al entendimiento y es una de las mejores estrategias de comunicación del líder eficiente. Los que desean ser buenos líderes desarrollarán esta habilidad. Pondrán en práctica tales técnicas como mantener el contacto ocular y volver a expresar lo que escuchan para tener la certeza de que entendieron bien.

Muy ligada con el arte de escuchar está la habilidad de expresarse en una forma no agresiva y con firmeza. Nuestro discurso puede ser una fuente de bendición o de dolor para los demás.

COMUNICACIÓN

Los líderes sabios piensan antes de hablar; al hacerlo seleccionan palabras que edifiquen y no destruyan. Cuando se enfrentan con hostilidad, hablan con suavidad para aplacar la ira en vez de alimentarla.

La comunicación eficaz requiere mucho más que solo hablar y escuchar. Debes estar atento a la comunicación de una vía. La verdadera comunicación ocurre cuando las dos partes van más allá de hablar y escuchar y llegan al entendimiento. Tu nivel de comunicación evocará confianza o desconfianza en quienes lideras. Infundirá confianza o temor. Determinará en gran medida el entusiasmo con que te seguirán los que guías.

Es muy grato dar la respuesta adecuada, y más grato aún cuando es oportuna.

PROVERBIOS 15:23

El SEÑOR omnipotente me ha concedido tener una lengua instruida, para sostener con mi palabra al fatigado. Todas las mañanas me despierta, y también me despierta el oído, para que escuche como los discípulos.

ISAÍAS 50:4

———

Cada uno se sacia del fruto de sus labios, y de la obra de sus manos recibe su recompensa.

PROVERBIOS 12:14

Eviten toda conversación obscena ... que sus palabras contribuyan a la necesaria edificación y sean de bendición para quienes escuchan.

EFESIOS 4:29

¿Cómo pueden ustedes que son malos decir algo bueno? De la abundancia del corazón habla la boca.

MATEO 12:34

Que su conversación sea siempre amena y de buen gusto. Así sabrán cómo responder a cada uno.

COLOSENSES 4:6

Tampoco debe haber palabras indecentes, conversaciones necias ni chistes groseros, todo lo cual está fuera de lugar; haya más bien acción de gracias.

EFESIOS 5:4

Abandonen también todo esto: enojo, ira, malicia, calumnia y lenguaje obsceno. Dejen

---

de mentirse unos a otros, ahora que se han quitado el ropaje de la vieja naturaleza con sus vicios.

COLOSENSES 3:8-9

Todos fallamos mucho. Si alguien nunca falla en lo que dice, es una persona perfecta, capaz también de controlar todo su cuerpo. Cuando ponemos freno en la boca de los caballos para que nos obedezcan, podemos controlar todo el animal ... Así también la lengua es un miembro muy pequeño del cuerpo, pero hace alarde de grandes hazañas. ¡Imagínense qué gran bosque se incendia con tan pequeña chispa! También la lengua es un fuego, un mundo de maldad. Siendo uno de nuestros órganos, contamina todo el cuerpo y, encendida por el infierno, prende a su vez fuego a todo el curso de la vida. El ser humano sabe domar y, en efecto, ha domado toda clase de fieras, de aves, de reptiles y de bestias marinas; pero nadie puede domar la lengua. Es un mal irrefrenable, lleno de veneno mortal.

SANTIAGO 3:2-8

Una respuesta sincera es como un beso en los labios.

PROVERBIOS 24:26

SOLUCIÓN DE CONFLICTOS

Cuando Jesús trataba los problemas, los atacaba de frente. Al dar el Sermón del Monte (y luego en Mateo 18), trató el problema del conflicto cuando otros nos ofenden y cuando nosotros ofendemos a otros. No importa quién causó el problema, la solución es la misma: Primero, vete a ver la persona con la que tienes el conflicto y trata los problemas cara a cara. Evita involucrar una tercera o cuarta persona, sobre todo si empeora el problema para la persona que provocó la ofensa.

Segundo, debes ir a ver a la persona sin demora. Jesús aconsejó que si alguien está adorando a Dios y recuerda que ofendió a un amigo, la reacción apropiada es parar e ir enseguida al individuo ofendido. Con estas palabras, Jesús confirmó que la armonía en las relaciones es tan importante que se debe alcanzar antes de que uno pueda ofrecer adoración conveniente.

———

Los líderes eficientes no pasan por alto el conflicto. Lo controlan creando un ambiente en el que la gente resuelva una a una las fricciones en la relación. Solo cuando se agotaron todas las posibilidades en forma personal, se permite que entren otros al conflicto con miras a la reconciliación. Es imposible evitar los conflictos, pero se pueden resolver. Un líder sabio se dedicará a aprender esto último.

No te dejes vencer por el mal; al contrario, vence el mal con el bien.

ROMANOS 12:21

Que el Dios que infunde aliento y perseverancia les conceda vivir juntos en armonía, conforme al ejemplo de Cristo Jesús, para que con un solo corazón y a una sola voz glorifiquen al Dios y Padre de nuestro Señor Jesucristo. Por tanto, acéptense mutuamente, así como Cristo los aceptó a ustedes para gloria de Dios.

ROMANOS 15:5-7

CONFLICTO

Les suplico, hermanos, en el nombre de nuestro Señor Jesucristo, que todos vivan en armonía y que no haya divisiones entre ustedes, sino que se mantengan unidos en un mismo pensar y en un mismo propósito.

1 CORINTIOS 1:10

Pase lo que pase, compórtense de una manera digna del evangelio de Cristo. De este modo, ya sea que vaya a verlos o que, estando ausente, solo tenga noticias de ustedes, sabré que siguen firmes en un mismo propósito, luchando unánimes por la fe del evangelio.

FILIPENSES 1:27

Llénenme de alegría teniendo un mismo parecer, un mismo amor, unidos en alma y pensamiento. No hagan nada por egoísmo o vanidad; más bien, con humildad consideren a los demás como superiores a ustedes mismos. Cada uno debe velar no solo por sus propios intereses sino también por los intereses de los demás.

FILIPENSES 2:2-4

Por lo tanto, esforcémonos por promover todo lo que conduzca a la paz y a la mutua edificación.

ROMANOS 14:19

CONFLICTO

En fin, vivan en armonía los unos con los otros; compartan penas y alegrías, practiquen el amor fraternal, sean compasivos y humildes. No devuelvan mal por mal ni insulto por insulto; más bien, bendigan, porque para esto fueron llamados, para heredar una bendición.

1 Pedro 3:8-9

No alimentes odios secretos contra tu hermano, sino reprende con franqueza a tu prójimo para que no sufras las consecuencias de su pecado. No seas vengativo con tu prójimo, ni le guardes rencor. Ama a tu prójimo como a ti mismo. Yo soy el Señor.

Levítico 19:17-18

Entonces el Señor le dijo: «¿Por qué estás tan enojado? ¿Por qué andas cabizbajo? Si hicieras lo bueno, podrías andar con la frente en alto. Pero si haces lo malo, el pecado te acecha, como una fiera lista para atraparte. No obstante, tú puedes dominarlo.»

Génesis 4:6-7

Refrena tu enojo, abandona la ira; no te irrites, pues esto conduce al mal.

Salmo 37:8

CONFLICTO

El necio muestra en seguida su enojo, pero el
prudente pasa por alto el insulto.

PROVERBIOS 12:16

La respuesta amable calma el enojo, pero la
agresiva echa leña al fuego.

PROVERBIOS 15:1

El Señor aborrece las ofrendas de los malvados,
pero se complace en la oración de los justos.

PROVERBIOS 15:8

Iniciar una pelea es romper una represa; vale
más retirarse que comenzarla.

PROVERBIOS 17:14

El buen juicio hace al hombre paciente; su
gloria es pasar por alto la ofensa.

PROVERBIOS 19:11

El iracundo tendrá que afrontar el castigo; el
que intente disuadirlo aumentará su enojo.

PROVERBIOS 19:19

CONFLICTO

———

No te hagas amigo de gente violenta, ni te juntes con los iracundos, no sea que aprendas sus malas costumbres y tú mismo caigas en la trampa.

PROVERBIOS 22:24-25

Como ciudad sin defensa y sin murallas es quien no sabe dominarse.

PROVERBIOS 25:28

Abandonen toda amargura, ira y enojo, gritos y calumnias, y toda forma de malicia. Más bien, sean bondadosos y compasivos unos con otros, y perdónense mutuamente, así como Dios los perdonó a ustedes en Cristo.

EFESIOS 4:31-32

El hombre iracundo provoca peleas; el hombre violento multiplica sus crímenes.

PROVERBIOS 29:22

Ponte a pensar que batiendo la leche se obtiene mantequilla, que sonándose fuerte sangra la nariz, y que provocando la ira se acaba peleando.

PROVERBIOS 30:32-33

Valor en medio de las crisis

Los líderes necesitan valor para las decisiones difíciles que enfrentan a diario. De vez en cuando, el liderazgo bueno necesita excursiones a territorios inexplorados y demanda el valor de un líder. Sin duda, Josué enfrentó tal crisis en su función de líder. No solo tuvo que lidiar con los poderes militares que poblaban la tierra prometida, sino que tuvo que hacerlo con una banda indisciplinada de pastores nómadas.

Dios vio que Josué necesitaba valor y le dio la dirección necesaria para fortalecer su fe. Le recordó que era fiel a todas sus promesas. El éxito de Josué no dependía de su estrategia militar ni de la disciplina de su ejército, sino de la fidelidad de Dios. El «Libro de la Ley» le daría la sabiduría y el ánimo que Josué necesitaría para conducir con valor a la nación. A pesar de la intimidación del enemigo o de la rebeldía del pueblo, Josué no los enfrentaría solo. Dios siempre estaría a su lado.

Las mismas fuentes de valor que movían a Josué están en la actualidad a disposición de

———

cualquier líder que las acepte. Cuando enfrenta una decisión comercial riesgosa, el líder santo buscará a Dios en oración y en su Palabra revelada para tener perspectiva y valor necesarios para tomar la decisión acertada. ¿Qué situación enfrentas que requiere liderazgo valiente? Deja que las palabras que Dios le dio a Josué te infundan el valor que necesitas.

El Señor es mi luz y mi salvación; ¿a quién temeré? El Señor es el baluarte de mi vida; ¿quién podrá amedrentarme?

Salmo 27:1

Así que no temas, porque yo estoy contigo; no te angusties, porque yo soy tu Dios. Te fortaleceré y te ayudaré; te sostendré con mi diestra victoriosa.

Isaías 41:10

Ya te lo he ordenado: ¡Sé fuerte y valiente! ¡No tengas miedo ni te desanimes! Porque el Señor tu Dios te acompañará dondequiera que vayas.

Josué 1:9

VALOR

Queridos hermanos, no se extrañen del fuego de la prueba que están soportando, como si fuera algo insólito. Al contrario, alégrense de tener parte en los sufrimientos de Cristo, para que también sea inmensa su alegría cuando se revele la gloria de Cristo.

1 Pedro 4:12-13

Cuando cruces las aguas, yo estaré contigo; cuando cruces los ríos, no te cubrirán sus aguas; cuando camines por el fuego, no te quemarás ni te abrasarán las llamas.

Isaías 43:2

Sin embargo, en todo esto somos más que vencedores por medio de aquel que nos amó. Pues estoy convencido de que ni la muerte ni la vida, ni los ángeles ni los demonios, ni lo presente ni lo por venir, ni los poderes, ni lo alto ni lo profundo, ni cosa alguna en toda la creación, podrá apartarnos del amor que Dios nos ha manifestado en Cristo Jesús nuestro Señor.

Romanos 8:37-39

VALOR

Pon tu esperanza en el Señor; ten valor, cobra
ánimo; ¡pon tu esperanza en el Señor!

Salmo 27:14

Cobren ánimo y ármense de valor, todos los
que en el Señor esperan.

Salmo 31:24

Él fortalece al cansado y acrecienta las fuerzas
del débil. Aun los jóvenes se cansan, se fatigan, y los muchachos tropiezan y caen; pero
los que confían en el Señor renovarán sus
fuerzas; volarán como las águilas: correrán y
no se fatigarán, caminarán y no cansarán.

Isaías 40:29-31

Todo lo puedo en Cristo que me fortalece.

Filipenses 4:13

Fortalezcan las manos débiles, afirmen las
rodillas temblorosas; digan a los de corazón
temeroso: «Sean fuertes, no tengan miedo. Su
Dios vendrá, vendrá con venganza; con retribución divina vendrá a salvarlos.»

Isaías 35:3-4

PALABRAS DE DIOS SOBRE EL

VALOR

———

No se inquieten por nada; más bien, en toda ocasión, con oración y ruego, presenten sus peticiones a Dios y denle gracias. Y la paz de Dios, que sobrepasa todo entendimiento, cuidará sus corazones y sus pensamientos en Cristo Jesús. Por último, hermanos, consideren bien todo lo verdadero, todo lo respetable, todo lo justo, todo lo puro, todo lo amable, todo lo digno de admiración, en fin, todo lo que sea excelente o merezca elogio.

FILIPENSES 4:6-8

Pero yo he orado por ti, para que no falle tu fe. Y tú, cuando te hayas vuelto a mí, fortalece a tus hermanos.

LUCAS 22:32

Solo te pido que tengas mucho valor y firmeza para obedecer toda la ley que mi siervo Moisés te mandó. No te apartes de ella para nada; solo así tendrás éxito dondequiera que vayas.

JOSUÉ 1:7

DECISIONES

GRANDES O PEQUEÑAS, TÓMALAS TODAS CON DIOS

La toma de decisiones es una capacidad fundamental del líder. Las decisiones revelan los valores y la inteligencia. Requieren obediencia y dependencia de Dios. Al dejar que tu mente analice los aspectos relacionados con el liderazgo, comprobarás que las decisiones afectan prácticamente todo lo que hacen los líderes. Un día común puede incluir miles de decisiones. Algunas son pequeñas; otras alteran la vida.

¿Adónde puede el líder conseguir ayuda para este componente esencial de la vida y el liderazgo? De todos los líderes en la Biblia, Nehemías es uno de nuestros mejores modelos. Nehemías era eficiente en esta tarea esencial del líder.

Nehemías se enfrentó con un desafío enorme: Los muros de Jerusalén estaban destruidos y los que regresaron del exilio eran vulnerables y estaban desanimados. Nehemías estudió la situación con cuidado. Se compadeció de los que sufrían. Se humilló ante Dios y oró. Nehemías adoró a Dios, confesó los peca-

---

dos de su pueblo al Señor y, por último, pidió ayuda a Dios.

Al fin, Nehemías sabía lo que todo gran líder sabe: Los que tienen la responsabilidad de tomar decisiones deben entender asuntos complicados, pero necesitan conocer la perspectiva de Dios al decidir el curso de acción. Toda la sabiduría viene de Dios. Él quiere que aprendamos a usar su sabiduría para tomar buenas decisiones. Todos los días tomamos decisiones y los patrones que se establecen con las pequeñas decisiones afectan el curso de las mayores. Es crucial tomar decisiones sabias, pero ninguna decisión es sabia si es ajena a Dios.

Es necio y vergonzoso responder antes de escuchar.

PROVERBIOS 18:13

Ésta es la confianza que tenemos al acercarnos a Dios: que si pedimos conforme a su voluntad, él nos oye.

1 JUAN 5:14

El corazón prudente adquiere conocimiento; los oídos de los sabios procuran hallarlo.

PROVERBIOS 18:15

DECISIONES

Si a alguno de ustedes le falta sabiduría, pída-
sela a Dios, y él se la dará, pues Dios da a
todos generosamente sin menospreciar a
nadie. Pero que pida con fe, sin dudar, porque
quien duda es como las olas del mar, agitadas
y llevadas de un lado a otro por el viento.

Santiago 1:5-6

Desde tu niñez conoces las Sagradas Escrituras,
que pueden darte la sabiduría necesaria para la
salvación mediante la fe en Cristo Jesús.

2 Timoteo 3:15

Adquiere la verdad y la sabiduría, la disciplina y el discernimiento, ¡y no los vendas!

Proverbios 23:23

Yo te ruego que le des a tu siervo discernimiento para gobernar a tu pueblo y para dis-
tinguir entre el bien y el mal.

1 Reyes 3:9

El corazón entendido va tras el conocimiento;
la boca de los necios se nutre de tonterías.

Proverbios 15:14

DECISIONES

El que es sabio atesora el conocimiento, pero
la boca del necio es un peligro inminente.

PROVERBIOS 10:14

Tus mandamientos me hacen más sabio que
mis enemigos porque me pertenecen para
siempre. Tengo más discernimiento que todos
mis maestros porque medito en tus estatutos.
Tengo más entendimiento que los ancianos
porque obedezco tus preceptos.

SALMO 119:98-100

Instruye al sabio, y se hará más sabio; enseña
al justo, y aumentará su saber.

PROVERBIOS 9:9

Adquiere sabiduría, adquiere inteligencia; no
olvides mis palabras ni te apartes de ellas. No
abandones nunca a la sabiduría, y ella te protegerá; ámala, y ella te cuidará. La sabiduría es
lo primero. ¡Adquiere sabiduría! Por sobre
todas las cosas, adquiere discernimiento.

PROVERBIOS 4:5-7

DEPENDENCIA
DE DIOS

APÓYATE EN DIOS

Todos los que guían a otros o tienen responsabilidades de organización encuentran más de una razón para preocuparse: Vencimientos, presiones financieras, inestabilidad del mercado y otras tensiones dan malestar estomacal y son culpables de muchas noches de insomnio. Sin embargo, Jesús nos advierte que no nos preocupemos por nada, incluso la ropa y la comida. En Mateo 6, Jesús les da a sus discípulos (y a nosotros) seis razones para confiar en Dios en vez de preocuparse.

Primero, el mismo Dios que da el don máximo de la vida sin duda suplirá los dones menores de la comida y la vestimenta. Segundo, el Dios que cuida de las aves cuidará a su pueblo. Tercero, la preocupación gasta energía innecesariamente, no cambia la realidad de la situación en lo más mínimo. Cuarto, la preocupación obvia la fidelidad de Dios demostrada en nuestra vida. Quinto, todos somos hijos de Dios. Él nunca nos tratará como huérfanos que necesitan cuidarse solos. Sexto, cuando nos preocupamos por el mañana, nos perdemos el hoy. Cualquier problema que enfrentemos puede

DEPENDENCIA
DE DIOS

---

tratarse, con la ayuda de Dios, de día en día.

Como líderes que quieren impactar a su generación para Cristo, debemos actuar de manera que permita a otros ver nuestra fe en Dios. Una manera de hacerlo es depender de Dios a la luz de las presiones diarias. La próxima vez que estés bajo presión, pídele a Dios la gracia necesaria para depender de él. Los que lideras verán cómo respondes bajo tales presiones y seguirán tus acciones.

En ti confían los que conocen tu nombre, porque tú, SEÑOR, jamás abandonas a los que te buscan.

SALMO 9:10

Ante la promesa de Dios no vaciló como un incrédulo, sino que se reafirmó en su fe y dio gloria a Dios, plenamente convencido de que Dios tenía poder para cumplir lo que había prometido.

ROMANOS 4:20-21

Prueben y vean que el SEÑOR es bueno; dichosos los que en él se refugian.

SALMO 34:8

DEPENDENCIA

DE DIOS

Señor Todopoderoso, ¡dichosos los que en ti confían!

SALMO 84:12

Los que confían en el Señor son como el monte Sión, que jamás será conmovido, que permanecerá para siempre.

SALMO 125:1

Dichoso aquel cuya ayuda es el Dios de Jacob, cuya esperanza está en el Señor su Dios.

SALMO 146:5

El que atiende a la palabra, prospera.
¡Dichoso el que confía en el Señor!

PROVERBIOS 16:20

Bendito el hombre que confía en el Señor, y pone su confianza en él. Será como un árbol plantado junto al agua, que extiende sus raíces hacia la corriente; no teme que llegue el calor, y sus hojas están siempre verdes. En época de sequía no se angustia, y nunca deja de dar fruto.

JEREMÍAS 17:7-8

DEPENDENCIA
DE DIOS

Al de carácter firme lo guardarás en perfecta
paz, porque en ti confía. Confíen en el SEÑOR
para siempre, porque el SEÑOR es una Roca
eterna.

ISAÍAS 26:3-4

El SEÑOR los espera, para tenerles piedad ...
se levanta para mostrarles compasión. Porque
el SEÑOR es un Dios de justicia. ¡Dichosos
todos los que en él esperan!

ISAÍAS 30:18

Ezequías puso su confianza en el SEÑOR, Dios
de Israel. No hubo otro como él entre todos los
reyes de Judá, ni antes ni después.

2 REYES 18:5

Muchas son las calamidades de los malvados,
pero el gran amor del SEÑOR envuelve a los
que en él confían.

SALMO 32:10

Confía en el SEÑOR y haz el bien; establécete
en la tierra y manténte fiel.

SALMO 37:3

APRENDIZAJE
REITERADO

LA SEGUNDA VUELTA

Los líderes deben tratar los asuntos de corazón y alma que determinan cómo y por qué surge el comportamiento problemático. Jesús fue modelo de esta disciplina esencial de liderazgo eficaz. Pedro le falló a Jesús en forma lamentable. Abrumado por la presión intensa, abandonó a su mentor y amigo en el momento en que más necesitaba de su amistad y apoyo. Qué humillación y degradación para Pedro. Sin embargo, Jesús restauró a Pedro.

Podría haberle dado un discurso sobre el compromiso. No lo hizo. Jesús no cuestionó el comportamiento de Pedro. Sabía que no hacía falta. En vez de eso, penetró en el corazón del problema. Se dio cuenta que el buen comportamiento nace en un buen corazón. Jesús practicó lo que Chris Argyris llama «aprendizaje reiterado». Tres veces Jesús forzó a Pedro a examinar la raíz de su dilema. Mientras que el problema de comportamiento de Pedro era importante, Jesús sabía que el cambio no sería duradero a menos que se tratara la raíz del comportamiento.

La primera vuelta tiende a ser la más fácil.

APRENDIZAJE
REITERADO

———

Podemos enseñarle a una persona a modificar sus brotes de ira. Sin embargo, la segunda vuelta obliga a la persona a resolver la ira que genera la reacción. La segunda vuelta es esencial para corregir el problema, pero es más difícil de enfrentar.

Como líder dedicado al plan de Dios para sus seguidores, debes aprender la lección de la doble vuelta. La primera vuelta es el comportamiento. La segunda son los valores y actitudes que generan el comportamiento. Los grandes líderes no se detienen en la primera vuelta del circuito.

Jesús dijo: «Yo reprendo y disciplino a todos los que amo. Por lo tanto, sé fervoroso y arrepiéntete.»

APOCALIPSIS 3:19

La actitud de ustedes debe ser como la de Cristo Jesús.

FILIPENSES 2:5

Imítenme a mí, como yo imito a Cristo.

1 CORINTIOS 11:1

APRENDIZAJE

REITERADO

Hagan como yo, que procuro agradar a todos en todo. No busco mis propios intereses sino los de los demás, para que sean salvos.

1 CORINTIOS 10:33

Examíname, oh Dios, y sondea mi corazón; ponme a prueba y sondea mis pensamientos. Fíjate si voy por mal camino, y guíame por el camino eterno.

SALMO 139:23-24

Yo, el SEÑOR, sondeo el corazón y examino los pensamientos, para darle a cada uno según sus acciones y según el fruto de sus obras.

JEREMÍAS 17:10

Necio es el que confía en sí mismo; el que actúa con sabiduría se pone a salvo.

PROVERBIOS 28:26

Asegúrense de que nadie deje de alcanzar la gracia de Dios; de que ninguna raíz amarga brote y cause dificultades y corrompa a muchos.

HEBREOS 12:15

APRENDIZAJE
REITERADO

En el crisol se prueba la plata y en el horno se prueba el oro, pero al corazón lo prueba el SEÑOR.

PROVERBIOS 17:3

SEÑOR, tú me examinas, tú me conoces. Sabes cuándo me siento y cuándo me levanto; aun a la distancia me lees el pensamiento.

SALMO 139:1-2

Examíname, SEÑOR; ¡ponme a prueba! purifica mis entrañas y mi corazón.

SALMO 26:2

¿Quién está consciente de sus propios errores? ¡Perdóname aquellos de los que no estoy consciente!

SALMO 19:12

Porque aunque la conciencia no me remuerde, no por eso quedo absuelto; el que me juzga es el Señor.

1 CORINTIOS 4:4

Instrúyanme, y me quedaré callado; muéstrenme en qué estoy equivocado.

JOB 6:24

PALABRAS DE DIOS SOBRE EL

APRENDIZAJE
REITERADO

Ante ti has puesto nuestras iniquidades; a la
luz de tu presencia, nuestros pecados secretos.

SALMO 90:8

Si bien los entristecí con mi carta, no me pesa.
Es verdad que antes me pesó, porque me di
cuenta de que por un tiempo mi carta los había
entristecido. Sin embargo, ahora me alegro, no
porque se hayan entristecido sino porque su
tristeza los llevó al arrepentimiento. Ustedes se
entristecieron tal como Dios lo quiere, de modo
que nosotros de ninguna manera los hemos perjudicado. La tristeza que proviene de Dios produce el arrepentimiento que lleva a la salvación,
de la cual no hay que arrepentirse, mientras que
la tristeza del mundo produce la muerte.
Fíjense lo que ha producido en ustedes esta tristeza que proviene de Dios: ¡qué empeño, qué
afán por disculparse, qué indignación, qué
temor, qué anhelo, qué preocupación, qué disposición para ver que se haga justicia! En todo
han demostrado su inocencia en este asunto.

2 CORINTIOS 7:8-11

DELEGACIÓN

EL PODER PARA EL ÉXITO

Cuando en Mateo 28 Jesús comisionó a sus discípulos para alcanzar al mundo con su mensaje, les dio principios útiles para utilizar el poder delegado: los comisionó a usar el poder para propósitos específicos, bien definidos por él. Les aseguró que siempre los respaldaría. Los preparó antes de delegarles el poder. Les dio la responsabilidad de la forma en que usarían su poder.

Luego les dio el poder necesario para el éxito. Les prometió el Espíritu Santo, quien obraría a través de ellos para lograr el plan de Dios. Los discípulos también disfrutaron la seguridad de que Jesús los respaldaría siempre, sustentándolos y dándoles lo que necesitaban para la tarea que les esperaba. Al prometer que les daría cualquier cosa que necesitaran para el éxito, Jesús les dio poder a sus seguidores.

Los líderes no pueden conferir poder sobre otros en forma literal. La delegación de autoridad sin recursos no da poder a otros automáticamente. Los líderes, sin embargo,

---

pueden suplir los recursos y crear las condiciones que permiten que la gente desarrolle el poder que necesitan para su trabajo. Los líderes eficientes piensan en función de «delegación» y «libertad» para dar poder a sus seguidores.

Jesús invirtió tiempo y energía en el desarrollo de estos líderes. En cuanto pudieron administrar el recurso por su cuenta, Jesús los comisionó. El líder que delega demasiado pronto dispone a sus seguidores para el fracaso. Por otro lado, el líder que no prepara a la gente capaz crea frustración. ¿Eres seguidor de los principios de delegación de Jesús?

Jesús dijo: «Ciertamente les aseguro que el que cree en mí las obras que yo hago también él las hará, y aun las hará mayores, porque yo vuelvo al Padre.»

JUAN 14:12

Cristo dijo a sus discípulos: «Les he dado autoridad a ustedes para pisotear serpientes y escorpiones y vencer todo el poder del enemigo; nada les podrá hacer daño.»

LUCAS 10:19

DELEGACIÓN

Te daré las llaves del reino de los cielos; todo lo que ates en la tierra quedará atado en el cielo, y todo lo que desates en la tierra quedará desatado en el cielo.

MATEO 16:19

Con su poder Dios resucitó al Señor, y nos resucitará también a nosotros.

1 CORINTIOS 6:14

Tus cerrojos serán de hierro y bronce; ¡que dure tu fuerza tanto como tus días!

DEUTERONOMIO 33:25

El SEÑOR fortalece a su pueblo; el SEÑOR bendice a su pueblo con la paz.

SALMO 29:11

Jesús dijo: «Les aseguro que todo lo que ustedes aten en la tierra quedará atado en el cielo, y todo lo que desaten en la tierra quedará desatado en el cielo.»

MATEO 18:18

DELEGACIÓN

El SEÑOR le dijo a su pueblo: «Así que no temas, porque yo estoy contigo; no te angusties, porque yo soy tu Dios. Te fortaleceré y te ayudaré; te sostendré con mi diestra victoriosa.»

ISAÍAS 41:10

Pero él me dijo: «Te basta con mi gracia, pues mi poder se perfecciona en la debilidad.» Por lo tanto, gustosamente haré más bien alarde de mis debilidades, para que permanezca sobre mí el poder de Cristo. Por eso me regocijo en debilidades, insultos, privaciones, persecuciones y dificultades que sufro por Cristo; porque cuando soy débil, entonces soy fuerte.

2 CORINTIOS 12:9-10

Todo lo puedo en Cristo que me fortalece.

FILIPENSES 4:13

El SEÑOR te bendiga y te guarde; el SEÑOR te mire con agrado y te extienda su amor; el SEÑOR te muestre su favor y te conceda la paz.

NÚMEROS 6:24-26

DELEGACIÓN

[Sean] fortalecidos en todo sentido con su glorioso poder. Así perseverarán con paciencia en toda situación, dando gracias con alegría al Padre. Él los ha facultado para participar de la herencia de los santos en el reino de la luz.

COLOSENSES 1:11-12

El SEÑOR es la fortaleza de su pueblo, y un baluarte de salvación para su ungido.

SALMO 28:8

Solo en el SEÑOR están la justicia y el poder.

ISAÍAS 45:24

Le pido que, por medio del Espíritu y con el poder que procede de sus gloriosas riquezas, los fortalezca a ustedes en lo íntimo de su ser, para que por fe Cristo habite en sus corazones.

EFESIOS 3:16-17

En tu santuario, oh Dios, eres imponente; ¡el Dios de Israel da poder y fuerza a su pueblo!

SALMO 68:35

DELEGACIÓN

Según avanzan los peregrinos, cobran más fuerzas, y en Sión se presentan ante el Dios de dioses.

SALMO 84:7

Pero los que confían en el SEÑOR renovarán sus fuerzas; volarán como las águilas: correrán y no se fatigarán, caminarán y no cansarán.

ISAÍAS 40:31

Yo mismo los fortaleceré, y ellos caminarán en mi nombre.

ZACARÍAS 10:12

De ti proceden la riqueza y el honor; tú lo gobiernas todo. En tus manos están la fuerza y el poder, y eres tú quien engrandece y fortalece a todos.

1 CRÓNICAS 29:12

La gente recta se aferra a su camino y los de manos limpias aumentan su fuerza.

JOB 17:9

Él fortalece al cansado y acrecienta las fuerzas del débil.

ISAÍAS 40:29

Los beneficios
de dar ánimo

Pocas funciones del líder son más importantes que la de mantener viva la esperanza. En los momentos en que otros están perdidos en un laberinto de desánimo, oscuro y al parecer interminable, los líderes eficientes ahuyentan la oscuridad con proyecciones positivas del futuro. A los que tienen a su alrededor les infunden optimismo respecto a ellos mismos, a los demás y sobre el futuro de la organización. Saben cuándo acercarse a alguno. Saben si darle una pequeña corrección o un hombro para que puedan llorar.

Ningún otro personaje del Nuevo Testamento ilustra mejor la habilidad de dar ánimo que Bernabé, cuyo nombre significa «hijo de consolación». Con razón los discípulos en Jerusalén temían a Saulo. Basándose en su reputación de celo religioso y crueldad, no es extraño que cuestionaran su profesión de fe en Cristo. Como fariseo devoto, Saulo fue implacable en su persecución de los seguidores de Jesús.

ÁNIMO

Debido a su sospecha pareciera que el ministerio de Saulo se hundiría antes de empezar. Esto pudo haber ocurrido si Bernabé no hubiera intervenido a favor de Saulo, llevándolo a los apóstoles y testificando acerca de su conversión y posterior ministerio. Bernabé animó a los apóstoles a bendecir el ministerio de Saulo y estos respondieron en forma favorable. Bernabé le dio a Saulo el apoyo que necesitaba para comenzar su ministerio, en el momento oportuno.

Los líderes eficientes, como Bernabé, alimentan la esperanza con palabras de ánimo. Un poquito de ánimo puede motivar mucho a los que tienes alrededor.

Prefiero recordar las hazañas del SEÑOR, traer a la memoria sus milagros de antaño. Meditaré en todas tus proezas; evocaré tus obras poderosas.

SALMO 77:11-12

Pero tú, SEÑOR, eres Dios clemente y compasivo, lento para la ira, y grande en amor y verdad.

SALMO 86:15

ÁNIMO

Es tal tu compasión que no los destruiste ni abandonaste, porque eres Dios clemente y compasivo.

NEHEMÍAS 9:31

¿Qué Dios hay como tú, que perdone la maldad y pase por alto el delito del remanente de su pueblo? No siempre estarás airado, porque tu mayor placer es amar. Vuelve a compadecerte de nosotros. Pon tu pie sobre nuestras maldades y arroja al fondo del mar todos nuestros pecados.

MIQUEAS 7:18-19

Enemiga mía, no te alegres de mi mal. Caí, pero he de levantarme; vivo en tinieblas, pero el SEÑOR es mi luz.

MIQUEAS 7:8

De generación en generación se extiende su misericordia a los que le temen.

LUCAS 1:50

Necio es el que confía en sí mismo; el que actúa con sabiduría se pone a salvo.

PROVERBIOS 28:26

Pero algo más me viene a la memoria, lo cual me llena de esperanza: El gran amor del SEÑOR nunca se acaba, y su compasión jamás se agota. Cada mañana se renuevan sus bondades; ¡muy grande es su fidelidad!

LAMENTACIONES 3:21-23

Fiel es Dios, quien los ha llamado a tener comunión con su Hijo Jesucristo, nuestro Señor.

1 CORINTIOS 1:9

Pon en manos del SEÑOR todas tus obras, y tus proyectos se cumplirán.

PROVERBIOS 16:3

Bueno es el SEÑOR con quienes en él confían, con todos los que lo buscan.

LAMENTACIONES 3:25

La angustia abate el corazón del hombre, pero una palabra amable lo alegra.

PROVERBIOS 12:25

¡Les infundiría nuevos bríos con la boca; les daría consuelo con los labios!

JOB 16:5

EXCELENCIA

BUSCA LA EXCELENCIA

Es peligroso negociar con la excelencia. Los jugadores y entrenadores de la NBA están dedicados a la excelencia porque quieren ganar el campeonato. Los ejecutivos de las corporaciones se dedican a la excelencia porque quieren agradar a sus clientes y aumentar las ganancias. Estos motivos quizá sean buenos. Sin embargo, como seguidores de Cristo, lo que nos impulsa a la excelencia debiera ser el deseo de agradar a quien nos dará la recompensa final. En todo lo que hacemos debiéramos ser conscientes de su presencia, sabiendo que nos observa.

Esta percepción debe impulsarnos, a pesar de nuestro campo de trabajo, a dar siempre lo mejor de nosotros, sabiendo que no existe ninguna circunstancia en que no nos acompañe aquel que seguimos y nos insta a dar lo mejor.

Es fácil esperar y demandar la excelencia de los que guiamos. Pero, ¿dónde encuentra la excelencia de nuestros seguidores su inspiración? El Salmo 78:72 pone la responsabilidad sobre las espaldas del líder. Una cosa es hablar de la excelencia y otra cosa es buscarla. A menudo anhelamos más, pero nos conformamos con menos cayendo presas de la inercia de los

EXCELENCIA

---

hábitos y rutinas mediocres. Esfuérzate por alcanzar la excelencia en todo lo que haces. Sin duda, Dios la muestra en su carácter y sus acciones. La calidad es importante.

Jesús dijo: «Permanezcan en mí, y yo permaneceré en ustedes. Así como ninguna rama puede dar fruto por sí misma, sino que tiene que permanecer en la vid, así tampoco ustedes pueden dar fruto si no permanecen en mí. Yo soy la vid y ustedes son las ramas. El que permanece en mí, como yo en él, dará mucho fruto; separados de mí no pueden ustedes hacer nada.»

JUAN 15:4-5

Olvidando lo que queda atrás y esforzándome por alcanzar lo que está delante, sigo avanzando hacia la meta para ganar el premio que Dios ofrece mediante su llamamiento celestial en Cristo Jesús.

FILIPENSES 3:13-14

¿No saben que en una carrera todos los corredores compiten, pero solo uno obtiene el premio? Corran, pues, de tal modo que lo obtengan.

1 CORINTIOS 9:24

EXCELENCIA

Por tanto, también nosotros, que estamos rodeados de una multitud tan grande de testigos, despojémonos del lastre que nos estorba, en especial del pecado que nos asedia, y corramos con perseverancia la carrera que tenemos por delante.

HEBREOS 12:1

Nadie que mire atrás después de poner la mano en el arado es apto para el reino de Dios.

LUCAS 9:62

Así que somos embajadores de Cristo, como si Dios los exhortara a ustedes por medio de nosotros: «En nombre de Cristo les rogamos que se reconcilien con Dios.»

2 CORINTIOS 5:20

Todo lo considero pérdida por razón del incomparable valor de conocer a Cristo Jesús, mi Señor. Por él lo he perdido todo, y lo tengo por estiércol, a fin de ganar a Cristo y encontrarme unido a él.

FILIPENSES 3:8-9

PALABRAS DE DIOS SOBRE LA

EXCELENCIA

———

Sigo adelante esperando alcanzar aquello para
lo cual Cristo Jesús me alcanzó a mí.

FILIPENSES 3:12

Sé lo que es vivir en la pobreza, y lo que es
vivir en la abundancia. He aprendido a vivir
en todas y cada una de las circunstancias,
tanto a quedar saciado como a pasar hambre,
a tener de sobra como a sufrir escasez.

FILIPENSES 4:12

Sin embargo, considero que mi vida carece de
valor para mí mismo, con tal de que termine
mi carrera y lleve a cabo el servicio que me ha
encomendado el Señor Jesús, que es el de dar
testimonio del evangelio de la gracia de Dios.

HECHOS 20:24

Les animamos a amarse aún más, a procurar
vivir en paz con todos, a ocuparse de sus
propias responsabilidades y a trabajar con sus
propias manos. Así les he mandado, para que
por su modo de vivir se ganen el respeto de
los que no son creyentes, y no tengan que
depender de nadie.

1 TESALONICENSES 4:10-12

EXCELENCIA

He peleado la buena batalla, he terminado la carrera, me he mantenido en la fe.

2 Timoteo 4:7

Entonces oí la voz del Señor que decía:
—¿A quién enviaré? ¿Quién irá por nosotros?
Y respondí:
—Aquí estoy. ¡Envíame a mí!

Isaías 6:8

No teman a los que matan el cuerpo pero no pueden matar el alma. Teman más bien al que puede destruir alma y cuerpo en el infierno.

Mateo 10:28

El que quiera salvar su vida, la perderá; pero el que pierda su vida por mi causa, la encontrará.

Mateo 16:25

El que se apega a su vida la pierde; en cambio, el que aborrece su vida en este mundo, la conserva para la vida eterna.

Juan 12:25

EXHORTACIÓN

EXHORTACIÓN EFICAZ

El liderazgo es un arte firme de talentos que se estudian, practican y perfeccionan. Los líderes eficientes pueden hallarse en la sala de juntas y la sala de máquinas. Pueden ser maestros, entrenadores, banqueros, abogados, operadores de estaciones de servicio o camareros. El apóstol Pablo demostró su habilidad en 2 Timoteo 2:14-21. Pablo comenzó con una exhortación generalizada para que Timoteo se presentara a Dios «aprobado» (v. 15). Luego dio una guía específica de cómo Timoteo debiera alcanzar ese estado mediante el estudio y la enseñanza de la Palabra de Dios. Finalmente, Pablo ofreció una ilustración negativa seguida de una positiva: Timoteo no era como Himeneo y Fileto que se desviaron de la verdad. Más bien, debía ser como una vasija de oro en una gran casa. Esa vasija, si se mantenía limpia y pulida, podría usarla el Maestro para un propósito noble.

Los líderes eficientes emplean diversas técnicas de comunicación para exhortar a quienes los siguen a que se esfuercen por alcanzar

---

mayor excelencia. Sabemos que a través de la exhortación de Pablo y de la obra del Espíritu en su vida, Timoteo llegó a ser un gran líder en la iglesia primitiva. ¿Conoces a alguna persona que pueda ser catapultada a la grandeza como resultado de tu exhortación?

No reprendas con dureza al anciano, sino aconséjalo como si fuera tu padre. Trata a los jóvenes como a hermanos.

1 TIMOTEO 5:1

Paguen a cada uno lo que le corresponda: si deben impuestos, paguen los impuestos; si deben contribuciones, paguen las contribuciones; al que deban respeto, muéstrenle respeto; al que deban honor, ríndanle honor.

ROMANOS 13:7

Hermanos, si alguien es sorprendido en pecado, ustedes que son espirituales deben restaurarlo con una actitud humilde. Pero cuídese cada uno, porque también puede ser tentado.

GÁLATAS 6:1

EXHORTACIÓN

Tengan compasión de los que dudan; a otros, sálvenlos arrebatándolos del fuego.

JUDAS 22-23

Si alguno ve a su hermano cometer un pecado que no lleva a la muerte, ore por él y Dios le dará vida.

1 JUAN 5:16

Hermanos míos, si alguno de ustedes se extravía de la verdad, y otro lo hace volver a ella, recuerden que quien hace volver a un pecador de su extravío, lo salvará de la muerte y cubrirá muchísimos pecados.

SANTIAGO 5:19-20

Jesús le dijo a Pedro: «Pero yo he orado por ti, para que no falle tu fe. Y tú, cuando te hayas vuelto a mí, fortalece a tus hermanos.»

LUCAS 22:32

Buscaré a las ovejas perdidas, recogeré a las extraviadas, vendaré a las que estén heridas y fortaleceré a las débiles.

EZEQUIEL 34:16

EXHORTACIÓN

Fortalezcan las manos débiles, afirmen las rodillas temblorosas; digan a los de corazón temeroso: «Sean fuertes, no tengan miedo. Su Dios vendrá, vendrá con venganza; con retribución divina vendrá a salvarlos.»

ISAÍAS 35:3-4

Tú, que impartías instrucción a las multitudes y fortalecías las manos decaídas; tú, que con tus palabras sostenías a los que tropezaban y fortalecías las rodillas que flaqueaban.

JOB 4:3-4

Y un siervo del Señor no debe andar peleando; más bien, debe ser amable con todos, capaz de enseñar y no propenso a irritarse. Así, humildemente, debe corregir a los adversarios, con la esperanza de que Dios les conceda el arrepentimiento para conocer la verdad.

2 TIMOTEO 2:24-25

En fin, el fruto de la justicia se siembra en paz para los que hacen la paz.

SANTIAGO 3:18

AMISTADES Y ALIANZAS

EL PODER DE LAS ALIANZAS

Se cuenta una historia de un niño que trató con valentía, pero sin éxito, de mover un tronco muy pesado. Su papá lo miraba en silencio y de cerca mientras el hijo lidiaba con el peso. Al final, le dijo:

—¿Hijo, por qué no usas toda tu fuerza?

—¡Papá, he usado toda la energía que tengo! —le respondió el hijo confundido y un poco enojado.

—No, hijo, no es así —respondió con calma su papá—. No me pediste ayuda a mí.

Los líderes eficientes utilizan toda la energía cuando reconocen, desarrollan y emplean a las personas que tienen a su disposición. Saben cómo fomentar alianzas sólidas con su propio equipo y los que están en otros equipos.

Al huir de Saulo, David demostró en verdad ese don. Cuando estaba escondido con su familia, David atrajo a otros que se encontraban en dificultades. Es más, cuatrocientos hombres llegaron a aliarse a David. Además de esas alianzas, David se comunicó con el rey

AMISTADES Y
ALIANZAS

———

de Moab, quien albergó a sus padres.

David tuvo el discernimiento necesario para saber que no podía avanzar solo. Se esforzó por fomentar la confianza de los demás en su don de liderazgo y, evidentemente, lo aprobaron. Los guerreros de David le fueron leales y juntos alcanzaron el éxito sobre los enemigos de Israel.

Los líderes eficientes poseen la habilidad singular de establecer alianzas con personas que los pueden ayudar a avanzar sus causas. ¿Qué alianzas tienes ahora que son de beneficio mutuo? ¿Qué haces para alimentarlas y ayudarlas a crecer?

En todo tiempo ama el amigo; para ayudar en la adversidad nació el hermano.

PROVERBIOS 17:17

Jesús dijo: «Nadie tiene amor más grande que el dar la vida por sus amigos. Ustedes son mis amigos si hacen lo que yo les mando. Ya no los llamo siervos, porque el siervo no está al tanto de lo que hace su amo; los he llamado amigos, porque todo lo que a mi Padre le oí decir se lo he dado a conocer a ustedes.

JUAN 15:13-15

AMISTADES Y
ALIANZAS

Aunque uno se aparte del temor al
Todopoderoso, el amigo no le niega su lealtad.

JOB 6:14

El que perdona la ofensa cultiva el amor;
el que insiste en la ofensa divide a los amigos.

PROVERBIOS 17:9

Hay amigos que llevan a la ruina, y hay amigos más fieles que un hermano.

PROVERBIOS 18:24

Mi intercesor es mi amigo, y ante él me
deshago en lágrimas.

JOB 16:20

Más valen dos que uno, porque obtienen más
fruto de su esfuerzo. Si caen, el uno levanta al
otro. ¡Ay del que cae y no tiene quien lo
levante!

ECLESIASTÉS 4:9-10

AMISTADES Y
ALIANZAS

No te hagas amigo de gente violenta, ni te juntes con los iracundos, no sea que aprendas sus malas costumbres y tú mismo caigas en la trampa.

PROVERBIOS 22:24-25

Más confiable es el amigo que hiere que el enemigo que besa.

PROVERBIOS 27:6

¡Cuán bueno y cuán agradable es que los hermanos convivan en armonía!

SALMO 133:1

Alégrense en la esperanza, muestren paciencia en el sufrimiento, perseveren en la oración. Ayuden a los hermanos necesitados. Practiquen la hospitalidad. Bendigan a quienes los persigan; bendigan y no maldigan. Alégrense con los que están alegres; lloren con los que lloran.

ROMANOS 12:15-16

Pero si vivimos en la luz, así como él está en la luz, tenemos comunión unos con otros.

1 JUAN 1:7

La administración de
los recursos humanos

El funcionamiento del desarrollo de los recursos humanos en el diario vivir es una de las esferas más espinosas del liderazgo. Algunas de las proclamaciones de valores más fuertes se realizan en el campo de los recursos humanos.

Como Dios nos creó, conoce nuestras aptitudes y habilidades mejor que nosotros mismos. Como nos ama, quiere que avancemos para lograr nuestro potencial. Sin embargo, no lo podemos hacer sin un compromiso personal de que Cristo sea el centro en nuestra vida.

Según el apóstol Pablo, el mismo Cristo resucitado dotó a cada creyente con dones espirituales singulares y, además, le dio a la iglesia ciertos individuos a los que capacitó con dones para el liderazgo espiritual.

Pablo enfatizó la autoridad de Cristo para distribuir esos dones. Jesús ascendió al cielo y concedió dones especiales a su pueblo para desarrollar la edificación de su iglesia. Sin duda, no impartió los dones solo para que los disfruten los receptores. Jesús dotó a las personas para

———

que pudieran ejercitar las habilidades que le
glorificaran a él y para deleite y satisfacción de
su pueblo.

Jesús planeó maravillosamente todas estas
obras de servicio a fin de que a través de su
pueblo se edifique el cuerpo de Cristo. Cuando
edificamos la vida de otros y participamos en el
desarrollo de su potencial, nos comportamos
como mayordomos fieles de las responsabilidades divinas. Qué manera admirable de usar
los dones de los líderes: Ayudándose a sí mismos y a otros para alcanzar la plenitud de
Cristo.

Cristo dijo: «Quien los recibe a ustedes, me
recibe a mí; y quien me recibe a mí, recibe al
que me envió.»

MATEO 10:40

¡Cuán bueno y cuán agradable es que los hermanos convivan en armonía!

SALMO 133:1

Traten a los demás tal y como quieren que
ellos los traten a ustedes.

LUCAS 6:31

RECURSOS HUMANOS

Jesús dijo: «Al que te pida, dale; y al que quiera tomar de ti prestado, no le vuelvas la espalda. Ustedes han oído que se dijo: "Ama a tu prójimo y odia a tu enemigo." Pero yo les digo: Amen a sus enemigos y oren por quienes los persiguen.»

MATEO 5:42-44

Amarlo [a Dios] con todo el corazón, con todo el entendimiento y con todas las fuerzas, y amar al prójimo como a uno mismo, es más importante que todos los holocaustos y sacrificios.

MARCOS 12:33

Jesús dijo: «Les aseguro que cualquiera que les dé un vaso de agua en mi nombre por ser ustedes de Cristo no perderá su recompensa.»

MARCOS 9:41

Jesús dijo a sus discípulos: «Les he puesto el ejemplo, para que hagan lo mismo que yo he hecho con ustedes.»

JUAN 13:15

Ámense los unos a los otros con amor fraternal, respetándose y honrándose mutuamente.

ROMANOS 12:10

Que el Señor los haga crecer para que se amen más y más unos a otros, y a todos, tal como nosotros los amamos a ustedes.

1 TESALONICENSES 3:12

Preocupémonos los unos por los otros, a fin de estimularnos al amor y a las buenas obras.

HEBREOS 10:24

Hacen muy bien si de veras cumplen la ley suprema de la Escritura: «Ama a tu prójimo como a ti mismo.»

SANTIAGO 2:8

Sobre todo, ámense los unos a los otros profundamente, porque el amor cubre multitud de pecados.

1 PEDRO 4:8

Dios me ha hecho ver que a nadie debo llamar impuro o inmundo.

HECHOS 10:28

RECURSOS HUMANOS

———

Pero el que odia a su hermano está en la oscuridad y en ella vive, y no sabe a dónde va porque la oscuridad no lo deja ver.

1 JUAN 2:11

Queridos hermanos, amémonos los unos a los otros, porque el amor viene de Dios, y todo el que ama ha nacido de él y lo conoce.

1 JUAN 4:7

Porque Cristo es nuestra paz: de los dos pueblos ha hecho uno solo, derribando mediante su sacrificio el muro de enemistad que nos separaba.

EFESIOS 2:14

Toda la plenitud de la divinidad habita en forma corporal en Cristo; y en él, que es la cabeza de todo poder y autoridad.

COLOSENSES 2:9-10

Antes de recibir esa circuncisión, ustedes estaban muertos en sus pecados. Sin embargo, Dios nos dio vida en unión con Cristo.

COLOSENSES 2:13

Palabras de Dios sobre los

RECURSOS HUMANOS

———

De hecho, aunque el cuerpo es uno solo, tiene muchos miembros, y todos los miembros, no obstante ser muchos, forman un solo cuerpo.

1 Corintios 12:12

Ya no hay judío ni griego, esclavo ni libre, hombre ni mujer, sino que todos ustedes son uno solo en Cristo Jesús.

Gálatas 3:28

Hagan lugar para nosotros en su corazón. A nadie hemos agraviado, a nadie hemos corrompido, a nadie hemos explotado.

2 Corintios 7:2

Y lo he llenado del Espíritu de Dios, de sabiduría, inteligencia y capacidad creativa.

Éxodo 31:3

Y he dotado de habilidad a todos los artesanos para que hagan todo lo que te he mandado hacer.

Éxodo 31:6

HUMILDAD

REFLEJO DE PODER

El objetivo principal de los líderes piadosos es reflejar la vida de Cristo en ellos mismos. Y la característica personal que mejor nos faculta para hacerlo es la humildad. En la vida terrenal, Cristo fue el modelo perfecto de humildad.

Primero, Jesús no se aferró con mezquindad a la expresión externa de su divinidad. Jesús no vino como rey, sino como un niño indefenso. Aunque era perfectamente Dios y humano al mismo tiempo (Juan 1:14), tomó la forma de siervo. Un líder humilde no alardea de su posición ni poder. Al contrario, busca identificarse con el miembro más débil del equipo. Segundo, Jesús mostró humildad en su obediencia a Dios el Padre. Un líder humilde no impone su voluntad sobre Dios, sino que se sujeta a sus mandamientos. Un líder humilde no impone su poder o posición. Espera con paciencia que Dios aumente su poder o influencia.

La humildad no es muy popular en estos días. Al contrario de la opinión popular, la humildad no expresa debilidad ni pasividad.

HUMILDAD

Desde un punto de vista bíblico, es fuerza disciplinada y poder al servicio de otros. El problema con la virtud de la humildad es que se pierde en cuanto uno cree que la alcanzó. Jesús fue el ejemplo perfecto de humildad. Sigue el ejemplo de Jesús al procurar demostrar el tipo de humildad que provoca que otros vean a Jesús en ti.

Revístanse todos de humildad en su trato mutuo, porque «Dios se opone a los orgullosos, pero da gracia a los humildes». Humíllense, pues, bajo la poderosa mano de Dios, para que él los exalte a su debido tiempo.

1 Pedro 5:5-6

Por lo tanto, como escogidos de Dios, santos y amados, revístanse de afecto entrañable y de bondad, humildad, amabilidad y paciencia.

Colosenses 3:12

El Señor dijo: «Yo habito en un lugar santo y sublime, pero también con el contrito y humilde de espíritu, para reanimar el espíritu de los humildes y alentar el corazón de los quebrantados.

Isaías 57:15

HUMILDAD

Humíllense delante del Señor, y él los exaltará.

Santiago 4:10

Todo el que a sí mismo se enaltece será humillado, y el que se humilla será enaltecido.

Lucas 18:14

¡Ya se te ha declarado lo que es bueno! Ya se te ha dicho lo que de ti espera el Señor: Practicar la justicia, amar la misericordia, y humillarte ante tu Dios.

Miqueas 6:8

El altivo será humillado, pero el humilde será enaltecido.

Proverbios 29:23

Estando en tal aflicción, imploró al Señor, Dios de sus antepasados, y se humilló profundamente ante él. Oró al Señor, y él escuchó sus súplicas y le permitió regresar a Jerusalén y volver a reinar. Así Manasés reconoció que solo el Señor es Dios.

2 Crónicas 33:12-13

HUMILDAD

Cuiden como pastores el rebaño de Dios que está a su cargo, no por obligación ni por ambición de dinero, sino con afán de servir, como Dios quiere. No sean tiranos con los que están a su cuidado, sino sean ejemplos para el rebaño.

1 Pedro 5:2-3

Dice la Escritura: «Dios se opone a los orgullosos, pero da gracia a los humildes.»

Santiago 4:6

El hermano de condición humilde debe sentirse orgulloso de su alta dignidad.

Santiago 1:9

No hagan nada por egoísmo o vanidad; más bien, con humildad consideren a los demás como superiores a ustedes mismos. Cada uno debe velar no solo por sus propios intereses sino también por los intereses de los demás.

Filipenses 2:3-4

Vivan de una manera digna del llamamiento que han recibido, siempre humildes y amables, pacientes, tolerantes unos con otros en amor.

Efesios 4:2

HUMILDAD

No dejemos que la vanidad nos lleve a irritarnos y a envidiarnos unos a otros.

GÁLATAS 5:26

Vivan en armonía los unos con los otros. No sean arrogantes, sino háganse solidarios con los humildes. No se crean los únicos que saben.

ROMANOS 12:16

Por la gracia que se me ha dado, les digo a todos ustedes: Nadie tenga un concepto de sí más alto que el que debe tener, sino más bien piense de sí mismo con moderación, según la medida de fe que Dios le haya dado.

ROMANOS 12:3

El mayor debe comportarse como el menor, y el que manda como el que sirve. Porque, ¿quién es más importante, el que está a la mesa o el que sirve? ¿No lo es el que está sentado a la mesa? Sin embargo, yo estoy entre ustedes como uno que sirve.

LUCAS 22:26-27

HUMILDAD

———

—El que recibe en mi nombre a este niño
—les dijo [Jesús]—, me recibe a mí; y el que
me recibe a mí, recibe al que me envió. El
que es más insignificante entre todos ustedes,
ése es el más importante.

LUCAS 9:48

El Poderoso ha hecho grandes cosas por mí.
¡Santo es su nombre! De generación en generación se extiende su misericordia a los que le
temen. Hizo proezas con su brazo; desbarató
las intrigas de los soberbios. De sus tronos
derrocó a los poderosos, mientras que ha exaltado a los humildes.

LUCAS 1:49-52

El amor es paciente, es bondadoso. El amor
no es envidioso ni jactancioso ni orgulloso.

1 CORINTIOS 13:4

Los ojos del altivo serán humillados y la arro-
gancia humana será doblegada. ¡En aquel día
sólo el SEÑOR será exaltado!

ISAÍAS 2:11

La necesidad
número uno

Si las personas van a seguir a alguien sea a la guerra, en los negocios o en el ministerio, quieren tener la garantía de que su líder es de confianza. Quieren estar seguros de que hará lo que promete y que cumplirá sus compromisos.

La sinceridad e integridad personal de Samuel influyó en toda su vida. Estas características le guiaron para analizar sus posesiones, tratos comerciales y relaciones con otros. Samuel fue transparente con las personas que lideraba. Se sometió al escrutinio de todos. En su discurso de despedida, luego de guiar a Israel por décadas, Samuel prometió pagar cualquier cosa que hubiera quitado injustamente de alguien. La respuesta del pueblo: Ni una sola persona elevó una queja contra Samuel.

Una vez tras otra la gente nos desilusiona porque a menudo existe una discrepancia entre lo que dicen y lo que viven. La virtud bíblica de la integridad dictamina que debe haber armonía entre lo de adentro y lo de

---

afuera, entre lo que creemos y cómo nos comportamos, entre nuestras palabras y nuestros caminos, entre nuestras actitudes y nuestras acciones, entre nuestros valores y nuestra conducta. Cualesquiera sean tus responsabilidades de líder, sea que estés a cargo de un negocio multimillonario o de un niño de dos años, condúcete en todo con honestidad. Que tu compromiso personal con la integridad se pueda ver siempre, cada día. Así serás un líder que otros anhelarán seguir.

Con tus buenas obras, dales tú mismo ejemplo en todo. Cuando enseñes, hazlo con integridad y seriedad, y con un mensaje sano e intachable. Así se avergonzará cualquiera que se oponga, pues no podrá decir nada malo de nosotros.

TITO 2:7-8

El SEÑOR aborrece a los de labios mentirosos, pero se complace en los que actúan con lealtad.

PROVERBIOS 12:22

[Manténganse] en el camino del SEÑOR y pongan en práctica lo que es justo y recto.

GÉNESIS 18:19

INTEGRIDAD

Dichoso aquel a quien su conciencia no lo
acusa por lo que hace.

ROMANOS 14:22

El SEÑOR aborrece las balanzas adulteradas,
pero aprueba las pesas exactas.

PROVERBIOS 11:1

Practicar la justicia y el derecho lo prefiere el
SEÑOR a los sacrificios.

PROVERBIOS 21:3

Las pesas y las balanzas justas son del SEÑOR;
todas las medidas son hechura suya.

PROVERBIOS 16:11

¿Debo tener por justas la balanza falsa y la
bolsa de pesas alteradas?

MIQUEAS 6:11

El SEÑOR aborrece las pesas falsas y reprueba
el uso de medidas engañosas.

PROVERBIOS 20:23

No den lugar a las críticas del enemigo.

1 TIMOTEO 5:14

INTEGRIDAD

———

No tendrás en tu bolsa dos pesas diferentes, una más pesada que la otra. Tampoco tendrás en tu casa dos medidas diferentes, una más grande que la otra. Más bien, tendrás pesas y medidas precisas y justas, para que vivas mucho tiempo en la tierra que te da el SEÑOR tu Dios, porque él aborrece a quien comete tales actos de injusticia

DEUTERONOMIO 25:13-16

A los que estaban encargados de pagar a los trabajadores no se les pedían cuentas, pues procedían con toda honradez.

2 REYES 12:15

También les dieron dinero a los carpinteros y albañiles, a fin de que compraran piedras de cantera y madera para las vigas de los edificios que los reyes de Judá habían dejado deteriorar.

2 CRÓNICAS 34:11

A mi hermano Jananí, que era un hombre fiel y temeroso de Dios como pocos, lo puse a cargo de Jerusalén, junto con Jananías, comandante de la ciudadela.

NEHEMÍAS 7:2

INTEGRIDAD

———

Solo el que procede con justicia y habla con
rectitud, el que rechaza la ganancia de la
extorsión y se sacude las manos para no aceptar soborno, el que no presta oído a las con-
juras de asesinato y cierra los ojos para no
contemplar el mal. Ese tal morará en las
alturas; tendrá como refugio una fortaleza de
rocas, se le proveerá de pan, y no le faltará el
agua.

ISAÍAS 33:15-16

Así que en todo traten ustedes a los demás tal
y como quieren que ellos los traten a ustedes.
De hecho, esto es la ley y los profetas.

MATEO 7:12

Ya sabes los mandamientos: «No mates, no
cometas adulterio, no robes, no presentes falso
testimonio, no defraudes, honra a tu padre y a
tu madre.»

MARCOS 10:19

En todo esto procuro conservar siempre limpia
mi conciencia delante de Dios y de los hombres.

HECHOS 24:16

INTEGRIDAD

Procuramos hacer lo correcto, no solo delante del Señor sino también delante de los demás.

2 Corintios 8:21

Por último, hermanos, consideren bien todo lo verdadero, todo lo respetable, todo lo justo, todo lo puro, todo lo amable, todo lo digno de admiración, en fin, todo lo que sea excelente o merezca elogio.

Filipenses 4:8

DESARROLLO DE LÍDERES

LA LIBERACIÓN DE UN LÍDER

Un día una niña hermosa besó una rana. Parecía un beso simple. Resultó que no era tan simple. A pesar de lo que creyera, en el momento que tocó con sus labios suaves la piel pegajosa de la rana, ocurrió una transformación. La rana verde lima se transformó en un joven príncipe esbelto. El príncipe se liberó para llegar a la plenitud de lo que podía ser.

Lo que la niña hizo con la rana, los líderes lo hacen con sus seguidores. Los líderes están en una posición singular para ayudar a sus seguidores a desarrollar sus dones de liderazgo y alcanzar su potencial. Pueden llegar a la plenitud de lo que Dios planeó para ellos.

Cuando Jesús comisionó a los setenta, sabía que enfrentarían dificultades. Al final, partieron sin comida, dinero ni vestimenta adicional. Sin embargo, alcanzaron el éxito porque estaban bien preparados. Sabían a dónde ir y qué decir. Incluso sabían procesar el rechazo. También tenían una visión clara: Jesús los apremió con su declaración de que la cosecha era abundante.

DESARROLLO DE
LÍDERES

Los líderes deben sentirse obligados a saber
mucho y a hacer las cosas con gran excelencia.
Sin embargo, no hay nada más importante que
podamos hacer para desarrollar los líderes que el
discipulado. Cuando los setenta volvieron, estaban llenos de gozo y de anécdotas de éxito. Jesús
no se limitó a escuchar sus informes, también los
felicitó por su trabajo. Además, lo más importante es que *los* elogió. Jesús preparó líderes, los
puso a prueba y luego los recompensó.

Escuchen, hijos, la corrección de un padre;
dispónganse a adquirir inteligencia.

PROVERBIOS 4:1

Hijo mío, pon en práctica mis palabras y atesora mis mandamientos. Cumple con mis
mandatos, y vivirás; cuida mis enseñanzas
como a la niña de tus ojos. Llévalos atados en
los dedos; anótalos en la tablilla de tu
corazón.

PROVERBIOS 7:1-3

Jesús dijo: «Si alguno escucha mis palabras,
pero no las obedece, no seré yo quien lo
juzgue; pues no vine a juzgar al mundo sino a

---

salvarlo. El que me rechaza y no acepta mis palabras tiene quien lo juzgue. La palabra que yo he proclamado lo condenará en el día final.»

JUAN 12:47-48

Cada uno tiene de Dios su propio don: éste posee uno; aquél, otro.

1 CORINTIOS 7:7

Este mensaje es digno de confianza, y quiero que lo recalques, para que los que han creído en Dios se empeñen en hacer buenas obras. Esto es excelente y provechoso para todos.

TITO 3:8

Para esto fueron llamados, porque Cristo sufrió por ustedes, dándoles ejemplo para que sigan sus pasos.

1 PEDRO 2:21

Por tanto, imiten a Dios, como hijos muy amados, y lleven una vida de amor, así como Cristo nos amó y se entregó por nosotros como ofrenda y sacrificio fragante para Dios.

EFESIOS 5:1-2

DESARROLLO DE LÍDERES

El que quiera hacerse grande entre ustedes
deberá ser su servidor, y el que quiera ser el
primero deberá ser esclavo de todos.

MARCOS 10:43-44

Jesús dijo: «Les he puesto el ejemplo, para que
hagan lo mismo que yo he hecho con ustedes.»

JUAN 13:15

En esto conocemos lo que es el amor: en que
Jesucristo entregó su vida por nosotros. Así
también nosotros debemos entregar la vida
por nuestros hermanos.

1 JUAN 3:16

Queridos hijos, no amemos de palabra ni de
labios para afuera, sino con hechos y de verdad.

1 JUAN 3:18

Con tus buenas obras, dales tú mismo ejemplo
en todo. Cuando enseñes, hazlo con integridad
y seriedad, y con un mensaje sano e intachable.
Así se avergonzará cualquiera que se oponga,
pues no podrá decir nada malo de nosotros.

TITO 2:7-8

PALABRAS DE DIOS SOBRE EL

DESARROLLO DE
LÍDERES

Que nadie te menosprecie por ser joven. Al contrario, que los creyentes vean en ti un ejemplo a seguir en la manera de hablar, en la conducta, y en amor, fe y pureza.

1 TIMOTEO 4:12

Imítenme a mí, como yo imito a Cristo.

1 CORINTIOS 11:1

Cuiden como pastores el rebaño de Dios que está a su cargo, no por obligación ni por ambición de dinero, sino con afán de servir, como Dios quiere. No sean tiranos con los que están a su cuidado, sino sean ejemplos para el rebaño.

1 PEDRO 5:2-3

Hijo mío, si haces tuyas mis palabras y atesoras mis mandamientos; si tu oído inclinas hacia la sabiduría y de corazón te entregas a la inteligencia; si llamas a la inteligencia y pides discernimiento; si la buscas como a la plata, como a un tesoro escondido, entonces comprenderás el temor del SEÑOR y hallarás el conocimiento de Dios.

PROVERBIOS 2:1-5

Palabras de Dios sobre el
DESARROLLO DE
LÍDERES

No amemos de palabra ni de labios para
afuera, sino con hechos y de verdad.

1 Juan 3:18

¡Aprendan a hacer el bien! ¡Busquen la justicia y reprendan al opresor! ¡Aboguen por el
huérfano y defiendan a la viuda!

Isaías 1:17

Así dice el Señor: «Deténganse en los caminos
y miren; pregunten por los senderos antiguos.
Pregunten por el buen camino, y no se aparten
de él. Así hallarán el descanso anhelado.

Jeremías 6:16

Bien saben que los de la familia de Estéfanas ...
se han dedicado a servir a los creyentes. Les
recomiendo, hermanos, que se pongan a disposición de aquéllos y de todo el que colabore en
este arduo trabajo.

1 Corintios 16:15-16

Más valen dos que uno, porque obtienen más
fruto de su esfuerzo. Si caen, el uno levanta al
otro. ¡Ay del que cae y no tiene quien lo levante!

Eclesiastés 4:9-10

UNA PRUEBA DE
LIDERAZGO

Antes de ocupar una función de liderazgo, o elevar a otros a posiciones de liderazgo, debemos hacer unas pruebas para ver cómo nos medimos nosotros u otros contra los requisitos que Dios les impuso a los líderes. Mientras que los rasgos que Pablo especifica (en 1 Timoteo 3:2) se refieren a los líderes de la iglesia, cualquier líder que los posee tendría las características que aprueba Dios.

La oración de apertura para el conjunto de requerimientos simplemente dice: «El obispo debe ser intachable» (1 Timoteo 3:2). Los líderes de la iglesia no deben tener trabas morales ni de conducta que otros puedan señalar y decir: «Esto descalifica a esta persona para el liderazgo.» Un examen cuidadoso de los requisitos de un líder revela una persona que tiene su vida privada (familiar) y pública en orden. Ejerce moderación y humildad mientras que mantiene buena reputación con los de afuera de la iglesia.

Otra cosa. El momento de descubrir si una persona puede ser líder no es después que

———

asuma la función, sino antes. Todavía sigue siendo la mejor regla. Mientras que nadie puede alcanzar la medida plena de los requerimientos de este pasaje, debiéramos esforzarnos por alcanzarlos. Con esto en mente, ¿cómo te mides tú? Pídele a Dios que te permita crecer en cada una de esas esferas para ser un líder que le dé gozo a él.

Así que el obispo debe ser intachable, esposo de una sola mujer, moderado, sensato, respetable, hospitalario, capaz de enseñar; no debe ser borracho ni pendenciero, ni amigo del dinero, sino amable y apacible. Debe gobernar bien su casa y hacer que sus hijos le obedezcan con el debido respeto; porque el que no sabe gobernar su propia familia, ¿cómo podrá cuidar de la iglesia de Dios? No debe ser un recién convertido, no sea que se vuelva presuntuoso y caiga en la misma condenación en que cayó el diablo. Se requiere además que hablen bien de él los que no pertenecen a la iglesia, para que no caiga en descrédito y en la trampa del diablo

1 TIMOTEO 3:2-7

REQUISITOS PARA LÍDERES

Esfuérzate por presentarte a Dios aprobado, como obrero que no tiene de qué avergonzarse y que interpreta rectamente la palabra de verdad. Evita las palabrerías profanas, porque los que se dan a ellas se alejan cada vez más de la vida piadosa.

2 TIMOTEO 2:15-16

No se contenten solo con escuchar la palabra, pues así se engañan ustedes mismos. Llévenla a la práctica. El que escucha la palabra pero no la pone en práctica es como el que se mira el rostro en un espejo y, después de mirarse, se va y se olvida en seguida de cómo es. Pero quien se fija atentamente en la ley perfecta que da libertad, y persevera en ella, no olvidando lo que ha oído sino haciéndolo, recibirá bendición al practicarla.

SANTIAGO 1:22-25

Pero el SEÑOR le dijo a Samuel:

—No te dejes impresionar por su apariencia ni por su estatura, pues yo lo he rechazado. La gente se fija en las apariencias, pero yo me fijo en el corazón.

1 SAMUEL 16:7

OBEDIENCIA
A DIOS

EL PRECIO DE LA
OBEDIENCIA

Según las Escrituras, un factor fundamental en la calidad de esta vida y la que viene es nuestra respuesta a las iniciativas de Dios. La respuesta es inevitable. Podemos pasar por alto, resistir o rechazar las iniciativas y requerimientos de Dios. Habrá ocasiones cuando la obediencia a Dios signifique decir no a nuestros deseos personales. Cuando la obediencia a Dios es costosa, ¿por qué ser obediente? Más vale tener una respuesta a esa pregunta antes de encontrarnos en las garras de una decisión difícil.

Muchos líderes tienen acceso a información o recursos financieros que podrían usar para su propio beneficio. Otros viajan mucho y casi en el anonimato, y tienen grandes oportunidades de perder la pureza. Mientras que otros utilizan su posición para aplastar sin escrúpulos la competencia, sea interna o externa. Sea que la tentación es por dinero, sexo o poder, muchos líderes se venden al mejor postor.

Cada líder debiera preguntarse periódicamente: «¿Tengo un precio?» El compromiso de un líder santo con Dios debiera ser tal que

---

rechazaría cualquier oferta para transigir. Un breve repaso de la historia de Israel muestra que el problema fundamental del pueblo del pacto de Dios fue la continua desobediencia a sus mandamientos. Dios siempre bendijo su obediencia, pero su desobediencia habitual fue causa de su miseria y, finalmente, su caída.

Entonces, pregúntate: «¿Cuál es mi precio?» «¿Qué me llevaría a desobedecer a Dios?» El compromiso no negociable es un elemento crucial del carácter de un líder.

Solo al SEÑOR nuestro Dios serviremos, y solo a él obedeceremos.

JOSUÉ 24:24

El Señor dijo: «Si andas por mis sendas y obedeces mis decretos y mandamientos ... te daré una larga vida.»

1 REYES 3:14

En esto consiste el amor: en que pongamos en práctica sus mandamientos. Y éste es el mandamiento: que vivan en este amor, tal como ustedes lo han escuchado desde el principio.

2 JUAN 6

OBEDIENCIA
A DIOS

Así, cuando amamos a Dios y cumplimos sus mandamientos, sabemos que amamos a los hijos de Dios. En esto consiste el amor a Dios: en que obedezcamos sus mandamientos. Y éstos no son difíciles de cumplir.

1 JUAN 5:2-3

Me he puesto a pensar en mis caminos, y he orientado mis pasos hacia tus estatutos. Me doy prisa, no tardo nada para cumplir tus mandamientos.

SALMO 119:59-60

El que obedece sus mandamientos permanece en Dios, y Dios en él. ¿Cómo sabemos que él permanece en nosotros? Por el Espíritu que nos dio.

1 JUAN 3:24

Todas las sendas del SEÑOR son amor y verdad para quienes cumplen los preceptos de su pacto.

SALMO 25:10

Aparto mis pies de toda mala senda para cumplir con tu palabra.

SALMO 119:101

OBEDIENCIA
A DIOS

Pero el amor del SEÑOR es eterno y siempre está
con los que le temen; su justicia está con los hijos
de sus hijos, con los que cumplen su pacto y se
acuerdan de sus preceptos para ponerlos por obra.

SALMO 103:17-18

Recibimos todo lo que le pedimos porque
obedecemos sus mandamientos y hacemos lo
que le agrada.

1 JUAN 3:22

¿Cómo sabemos si hemos llegado a conocer a
Dios? Si obedecemos sus mandamientos. El
que afirma: «Lo conozco», pero no obedece
sus mandamientos, es un mentiroso y no tiene
la verdad. En cambio, el amor de Dios se
manifiesta plenamente en la vida del que obedece su palabra.

1 JUAN 2:3-5

Como hijos obedientes, no se amolden a los
malos deseos que tenían antes, cuando vivían en
la ignorancia. Más bien, sean ustedes santos en
todo lo que hagan, como también es santo quien
los llamó; pues está escrito: «Sean santos, porque
yo soy santo.»

1 PEDRO 1:14-16

OBEDIENCIA

A DIOS

Así que, mis queridos hermanos, como han obedecido siempre —no solo en mi presencia sino
mucho más ahora en mi ausencia— lleven a cabo
su salvación con temor y temblor, pues Dios es
quien produce en ustedes tanto el querer como el
hacer para que se cumpla su buena voluntad.

FILIPENSES 2:12-13

Dichosos los que guardan sus estatutos y de
todo corazón lo buscan. Jamás hacen nada
malo, sino que siguen los caminos de Dios.

SALMO 119:2-3

¿Qué le agrada más al SEÑOR: que se le ofrezcan
holocaustos y sacrificios, o que se obedezca lo que
él dice? El obedecer vale más que el sacrificio, y
el prestar atención, más que la grasa de carneros.

1 SAMUEL 15:22

Por toda la eternidad obedeceré fielmente tu ley.

SALMO 119:44

El que cumple el mandamiento cumple consi-
go mismo; el que descuida su conducta morirá.

PROVERBIOS 19:16

PALABRAS DE DIOS SOBRE LA

OBEDIENCIA

A DIOS

———

Queridos hermanos, si el corazón no nos condena, tenemos confianza delante de Dios, y recibimos todo lo que le pedimos porque obedecemos sus mandamientos y hacemos lo que le agrada.

1 JUAN 3:21-22

Para nada cuenta estar o no estar circuncidado; lo que importa es cumplir los mandatos de Dios.

1 CORINTIOS 7:19

¿Quién es el que me ama? El que hace suyos mis mandamientos y los obedece. Y al que me ama, mi Padre lo amará, y yo también lo amaré y me manifestaré a él.

JUAN 14:21

Jesús dijo: «Si ustedes me aman, obedecerán mis mandamientos.»

JUAN 14:15

—Dichosos más bien —contestó Jesús— los que oyen la palabra de Dios y la obedecen.

LUCAS 11:28

OBEDIENCIA

A DIOS

El SEÑOR dijo: «Obedézcanme. Así yo seré su Dios, y ustedes serán mi pueblo. Condúzcanse conforme a todo lo que yo les ordene, a fin de que les vaya bien.»

JEREMÍAS 7:23

Todo el que infrinja uno solo de estos mandamientos, por pequeño que sea, y enseñe a otros a hacer lo mismo, será considerado el más pequeño en el reino de los cielos; pero el que los practique y enseñe será considerado grande en el reino de los cielos.

MATEO 5:19

Le contestó Jesús:

—El que me ama, obedecerá mi palabra, y mi Padre lo amará, y haremos nuestra vivienda en él. El que no me ama, no obedece mis palabras. Pero estas palabras que ustedes oyen no son mías sino del Padre, que me envió.

JUAN 14:23-24

Jesús dijo: «Si obedecen mis mandamientos, permanecerán en mi amor, así como yo he obedecido los mandamientos de mi Padre y permanezco en su amor.»

JUAN 15:10

ESTRUCTURA ADMINISTRATIVA

EL DESENLACE DESEADO

Las organizaciones son buenas. Agrupan múltiples recursos y los enfocan en un desenlace deseado. Las organizaciones bien dirigidas pueden lograr mucho más de lo que cualquier individuo soñaría alcanzar solo. Sin embargo, las Escrituras no nos ofrecen sistemas sólidos para la estructura de organización. Esta estructura se diseña para canalizar recursos destinados a alcanzar la misión de la organización. Como tal, debe cambiar con el flujo y el reflujo de los recursos y las tareas.

A Moisés lo abrumaban los problemas de guiar una gran cantidad de personas. Su suegro, Jetro, fue el primer consultor relacionado con la gerencia registrado en la historia. Ayudó a Moisés a ver que la organización y la estructura son esenciales para el funcionamiento eficaz. No solo se trabaja con más eficiencia, sino que se sirve mejor y se apoya a las personas en el trabajo. Un líder pujante está al alcance de los demás y está dispuesto a dejar que otros alteren la estructura de su organización, si ese cambio la fortalece.

El principio presentado aquí es que los líderes eficientes crean una estructura que alimenta la

ESTRUCTURA

ADMINISTRATIVA

---

salud de los que dirigen. La estructura de organización es de servicio en vez de dominio a la empresa. Por medio de la disciplina y la habilidad podemos mejorar la estructura y la armonía en lo personal y social. Moisés lo hizo cuando él mismo eligió los líderes potenciales y los preparó y habilitó. Moisés nos enseña que los líderes clave pueden mantener el control. Cuando los problemas surgieron, dio igual resultado como árbitro final. Sin embargo, a través de la delegación hábil, un líder puede multiplicar su eficiencia y satisfacer mejor las necesidades de los que requieren atención personal.

Todo debe hacerse de una manera apropiada y con orden.

1 CORINTIOS 14:40

Los acompaño en espíritu, y me alegro al ver su buen orden y la firmeza de su fe en Cristo.

COLOSENSES 2:5

El don de profecía está bajo el control de los profetas, porque Dios no es un Dios de desorden sino de paz.

1 CORINTIOS 14:32-33

ESTRUCTURA
ADMINISTRATIVA

Vivamos decentemente, como a la luz del día.

ROMANOS 13:13

Moisés ocupó su lugar como juez del pueblo, y los israelitas estuvieron de pie ante Moisés desde la mañana hasta la noche. Cuando su suegro vio cómo procedía Moisés con el pueblo, le dijo:

—¡Pero qué es lo que haces con esta gente! ¿Cómo es que solo tú te sientas, mientras todo este pueblo se queda de pie ante ti desde la mañana hasta la noche?

—Es que el pueblo viene a verme para consultar a Dios —le contestó Moisés—. Cuando tienen algún problema, me lo traen a mí para que yo dicte sentencia entre las dos partes. Además, les doy a conocer las leyes y las enseñanzas de Dios.

—No está bien lo que estás haciendo —le respondió su suegro—, pues te cansas tú y se cansa la gente que te acompaña. La tarea es demasiado pesada para ti; no la puedes desempeñar tú solo. Oye bien el consejo que voy a darte, y que Dios te ayude. Tú debes representar al pueblo ante Dios y presentarle los problemas que ellos tienen. A ellos los

PALABRAS DE DIOS SOBRE LA

ESTRUCTURA
ADMINISTRATIVA

---

debes instruir en las leyes y en las enseñanzas
de Dios, y darles a conocer la conducta que
deben llevar y las obligaciones que deben
cumplir. Elige tú mismo entre el pueblo
hombres capaces y temerosos de Dios, que
amen la verdad y aborrezcan las ganancias mal
habidas, y desígnalos jefes de mil, de cien, de
cincuenta y de diez personas. Serán ellos los
que funjan como jueces de tiempo completo,
atendiendo los casos sencillos, y los casos difíciles te los traerán a ti. Eso te aligerará la
carga, porque te ayudarán a llevarla. Si pones
esto en práctica y Dios así te lo ordena,
podrás aguantar; el pueblo, por su parte, se
irá a casa satisfecho.

Moisés atendió a la voz de su suegro y
siguió sus sugerencias.

ÉXODO 18:13-24

No debemos, pues, dormirnos como los demás,
sino mantenernos alerta y en nuestro sano juicio.

1 TESALONICENSES 5:6

Como ciudad sin defensa y sin murallas es
quien no sabe dominarse.

PROVERBIOS 25:28

PALABRAS DE DIOS SOBRE LA

ESTRUCTURA

ADMINISTRATIVA

[Aprovechemos] al máximo cada momento oportuno, porque los días son malos.

EFESIOS 5:16

En la iglesia Dios ha puesto, en primer lugar, apóstoles; en segundo lugar, profetas; en tercer lugar, maestros; luego los que hacen milagros; después los que tienen dones para sanar enfermos, los que ayudan a otros, los que administran y los que hablan en diversas lenguas.

1 CORINTIOS 12:28

La primera vez ustedes no la transportaron, ni nosotros consultamos al SEÑOR nuestro Dios, como está establecido; por eso él se enfureció contra nosotros.

1 CRÓNICAS 15:13

Los elogio porque se acuerdan de mí en todo y retienen las enseñanzas, tal como se las transmití.

1 CORINTIOS 11:2

PLANIFICACIÓN

SÍGUEME

La visión del futuro es una característica integral del líder eficiente. La espontaneidad es valiosa y a veces necesaria, pero las consecuencias serían desastrosas si la mayor parte de la dirección de nuestra vida se basara en el descubrimiento accidental y la buena suerte. Aunque como líder no poseas una bola de cristal para predecir lo que depara el futuro, puedes y debes planear para lo que *pudiera* deparar. El planeamiento y la evaluación de resultados con metas y objetivos a largo plazo requieren disciplina y esta, inevitablemente, conduce a mayor libertad.

Sin lugar a dudas, Dios es el mayor planificador a largo plazo. Sus propósitos involucran el rango completo de la eternidad hasta la eternidad y extienden a todo su dominio. Desde una perspectiva a corto plazo, las cosas pueden parecer descontroladas. Sin embargo, Dios está en el proceso de ordenamiento de todas las cosas de modo que alcancen una consumación gloriosa.

Dios miró lejos hacia el futuro y vio su victoria gloriosa sobre todas las fuerzas del mal, esos

---

poderes que se soltaron como resultado de un pequeño trozo de fruto prohibido en el jardín del Edén. En aquel entonces, Dios develó un plan que se llevaría a cabo miles de años más tarde en una cruz en las afueras de Jerusalén.

El liderazgo sugiere avance. «¿Adónde vamos?» es una pregunta que todo líder responsable debe contestar para generar el valor que le diga a otros: «Síganme.» Tómate el tiempo para descubrir la dirección en que vas tú y los que te siguen.

En los planes del justo hay justicia, pero en los consejos del malvado hay engaño.

PROVERBIOS 12:5

Job respondió entonces al SEÑOR. Le dijo: «Yo sé bien que tú lo puedes todo, que no es posible frustrar ninguno de tus planes.»

JOB 42:1-2

En verdad, nada hace el SEÑOR omnipotente sin antes revelar sus designios a sus siervos los profetas.

AMÓS 3:7

PLANIFICACIÓN

El SEÑOR Todopoderoso ha jurado: «Tal como lo he planeado, se cumplirá; tal como lo he decidido, se realizará.»

ISAÍAS 14:24

Pierden el camino los que maquinan el mal, pero hallan amor y verdad los que hacen el bien.

PROVERBIOS 14:22

Oh SEÑOR, líbrame de los impíos; protégeme de los violentos, de los que urden en su corazón planes malvados y todos los días fomentan la guerra.

SALMO 140:1-2

Los planes bien pensados: ¡pura ganancia! Los planes apresurados: ¡puro fracaso!

PROVERBIOS 21:5

El noble ... concibe nobles planes, y en sus nobles acciones se afirma.

ISAÍAS 32:8

Afirma tus planes con buenos consejos.

PROVERBIOS 20:18

¿O es que hago mis planes según criterios
meramente humanos, de manera que diga «sí,
sí» y «no, no» al mismo tiempo?

2 CORINTIOS 1:17

Cuando falta el consejo, fracasan los planes;
cuando abunda el consejo, prosperan.

PROVERBIOS 15:22

Ahora escuchen esto, ustedes que dicen: «Hoy
o mañana iremos a tal o cual ciudad, pasare-
mos allí un año, haremos negocios y ganare-
mos dinero.» ¡Y eso que ni siquiera saben qué
sucederá mañana! ¿Qué es su vida? Ustedes
son como la niebla, que aparece por un
momento y luego se desvanece. Más bien,
debieran decir: «Si el Señor quiere, viviremos
y haremos esto o aquello.»

SANTIAGO 4:13-15

El SEÑOR frustra los planes de las naciones;
desbarata los designios de los pueblos. Pero los
planes del SEÑOR quedan firmes para siempre;
los designios de su mente son eternos.

SALMO 33:10-11

PODER Y LA
INFLUENCIA

PODER PARA SERVIR

Los discípulos de Jesús lo presentían. El Maestro había estado hablando de su partida y eso significaba que su tiempo de gobernar era inminente. Mientras que les costaba interpretar las palabras de Jesús, entendían muy bien una cosa: Como apóstoles de Jesús, poseían poder y autoridad.

El poder es esencial para el liderazgo. La posibilidad que da a un individuo para influir en otros puede ser una fuerza enorme para el bien. Aunque muchos, como los discípulos de Jesús, a esa altura de su desarrollo del liderazgo se ocupan de buscar el beneficio propio del poder. Para esos discípulos, el poder implicaba una oportunidad de sentirse importantes. Dejaron que sus mentes tuvieran visiones de tronos, posiciones y títulos. Sin embargo, la represión de Jesús fue firme: «¡Nada de eso ocurrirá en mi reino!»

Para comenzar a caminar en el ejercicio responsable del poder, uno debe hacerse una pregunta fundamental: «¿Para qué lo quiero?» Muchos de los que se hacen esta pregunta luchan con la tentación de dar falsas respues-

PODER Y LA
INFLUENCIA

———

tas. Algunos líderes se pasan la vida en una tensión constante entre competir y dominar a otros en su lucha por adquirir y luego defender sus posiciones de poder. Aun así, Jesús indicó que hay una sola respuesta a esta pregunta: «Quiero poder e influencia para servir mejor a Dios, las personas y esta organización.» Como líder, piensa las maneras en que puedes usar el poder para una causa loable y generosa. Si no haces esto, violas la confianza de Dios en ti como uno que recibió poder.

—Para los hombres es imposible —aclaró Jesús, mirándolos fijamente—, mas para Dios todo es posible.

MATEO 19:26

«Yo soy el SEÑOR, Dios de toda la humanidad. ¿Hay algo imposible para mí?»

JEREMÍAS 32:27

El SEÑOR es lento para la ira, imponente en su fuerza. El SEÑOR no deja a nadie sin castigo. Camina en el huracán y en la tormenta; las nubes son el polvo de sus pies

NAHÚM 1:3

PODER Y LA
INFLUENCIA

El SEÑOR dijo: «¡Vean ahora que yo soy único!
No hay otro Dios fuera de mí. Yo doy la
muerte y devuelvo la vida, causo heridas y doy
sanidad. Nadie puede librarse de mi poder.»

DEUTERONOMIO 32:39

Ninguno de los pueblos de la tierra
merece ser tomado en cuenta. Dios hace lo que
quiere con los poderes celestiales y con los
pueblos de la tierra. No hay quien se oponga a
su poder ni quien le pida cuentas de sus actos.

DANIEL 4:35

De ti proceden la riqueza y el honor; tú lo
gobiernas todo. En tus manos están la fuerza
y el poder, y eres tú quien engrandece y fortalece a todos. Por eso, Dios nuestro, te damos
gracias, y a tu glorioso nombre tributamos
alabanzas.

1 CRÓNICAS 29:12-13

En tu santuario, oh Dios, eres imponente; ¡el
Dios de Israel da poder y fuerza a su pueblo!
¡Bendito sea Dios!

SALMO 68:35

PODER Y LA
INFLUENCIA

¡Que dure tu fuerza tanto como tus días!

DEUTERONOMIO 33:25

El Señor fortalece a su pueblo; el Señor bendice a su pueblo con la paz.

SALMO 29:11

El Señor dijo: «Yo mismo los fortaleceré, y ellos caminarán en mi nombre.»

ZACARÍAS 10:12

Todo lo puedo en Cristo que me fortalece.

FILIPENSES 4:13

Vivan de manera digna del Señor, agradándole en todo. Esto implica dar fruto en toda buena obra, crecer en el conocimiento de Dios y ser fortalecidos en todo sentido con su glorioso poder

COLOSENSES 1:10-11

¡Y esto es sólo una muestra de sus obras, un murmullo que logramos escuchar! ¿Quién podrá comprender su trueno poderoso?

JOB 26:14

PODER Y LA
INFLUENCIA

Dios hizo todo hermoso en su momento, y puso en la mente humana el sentido del tiempo, aun cuando el hombre no alcanza a comprender la obra que Dios realiza de principio a fin.

ECLESIASTÉS 3:11

Profunda es su sabiduría, vasto su poder. ¿Quién puede desafiarlo y salir bien librado?

JOB 9:4

Tu brazo es capaz de grandes proezas; fuerte es tu mano, exaltada tu diestra.

SALMO 89:13

Tu diestra, SEÑOR, reveló su gran poder; tu diestra, SEÑOR, despedazó al enemigo.

ÉXODO 15:6

Fortalézcanse con el gran poder del Señor.

EFESIOS 6:10

PODER Y LA
INFLUENCIA

———

Tuyos son, SEÑOR, la grandeza y el poder, la gloria, la victoria y la majestad. Tuyo es todo cuanto hay en el cielo y en la tierra. Tuyo también es el reino, y tú estás por encima de todo. De ti proceden la riqueza y el honor; tú lo gobiernas todo. En tus manos están la fuerza y el poder, y eres tú quien engrandece y fortalece a todos.

1 CRÓNICAS 29:11-12

Le pido que, por medio del Espíritu y con el poder que procede de sus gloriosas riquezas, los fortalezca a ustedes en lo íntimo de su ser, para que por fe Cristo habite en sus corazones. Y pido que, arraigados y cimentados en amor, puedan comprender, junto con todos los santos, cuán ancho y largo, alto y profundo es el amor de Cristo.

EFESIOS 3:16-18

Yo, en cambio, estoy lleno de poder, lleno del Espíritu del SEÑOR, y lleno de justicia y de fuerza.

MIQUEAS 3:8

PRIORIDADES

LAS DEMANDAS DE LAS PRIORIDADES

La vida se vuelve confusa y conflictiva. Tenemos que decidir lo que más nos importa o nos volvemos víctimas de las demandas más escandalosas. Ningún líder carecerá de cosas que ocupen su tiempo y energía. Considerando esta realidad, cada líder debe responder una pregunta importante: «¿Cuáles debieran ser mis prioridades?»

Jesús contó la historia de un hombre cuya prioridad era preocuparse de sí mismo y sus posesiones. El hombre quería acumular fortuna y asegurarse el futuro. Hoy día, cualquier consultor de inversiones de jubilación te dirá que es bueno ahorrar para el futuro. Sin embargo, el rico insensato se basó en motivaciones equivocadas. Es lamentable, pero murió antes de ampliar su negocio o de disfrutar la jubilación. Jesús aplicó esta parábola a todo aquel cuyas prioridades revelan un corazón dedicado a sí mismo en vez de Dios.

Los líderes eficientes tienen el don de discernir no solo la diferencia entre el bien y el mal, sino también entre lo bueno y lo mejor. Ya que es imposible hacerlo todo bien, debemos elegir con cuidado en qué vamos a concentrar-

———

nos. En última instancia, nuestro propósito en la vida debiera ser honrar a Dios en vez de la satisfacción personal. Con este objetivo en mente, podemos definir nuestras prioridades al descubrir lo que dará mayor reconocimiento al nombre de Dios. Si lo hacemos así, en vez de hacer como el rico insensato, seremos ricos a los ojos de Dios.

No fui desobediente a esa visión celestial.

HECHOS 26:19

No sean perezosos; más bien, imiten a quienes por su fe y paciencia heredan las promesas.

HEBREOS 6:12

Por tanto, también nosotros, que estamos rodeados de una multitud tan grande de testigos, despojémonos del lastre que nos estorba, en especial del pecado que nos asedia, y corramos con perseverancia la carrera que tenemos por delante. Fijemos la mirada en Jesús, el iniciador y perfeccionador de nuestra fe, quien por el gozo que le esperaba, soportó la cruz, menospreciando la vergüenza que ella significaba, y ahora está sentado a la derecha del trono de Dios.

HEBREOS 12:1-2

PRIORIDADES

———

Y si tu ojo te hace pecar, sácatelo. Más te vale entrar tuerto en el reino de Dios, que ser arrojado con los dos ojos al infierno.

MARCOS 9:47

Ustedes deben orar así: «Padre nuestro que estás en el cielo, santificado sea tu nombre, venga tu reino, hágase tu voluntad en la tierra como en el cielo.»

MATEO 6:9-10

Por la fe Moisés, ya adulto, renunció a ser llamado hijo de la hija del faraón. Prefirió ser maltratado con el pueblo de Dios a disfrutar de los efímeros placeres del pecado. Consideró que el oprobio por causa del Mesías era una mayor riqueza que los tesoros de Egipto, porque tenía la mirada puesta en la recompensa.

HEBREOS 11:24-26

Recíbanlo en el Señor con toda alegría y honren a los que son como él, porque estuvo a punto de morir por la obra de Cristo, arriesgando la vida para suplir el servicio que ustedes no podían prestarme.

FILIPENSES 2:29-30

PRIORIDADES

———

Todo aquello que para mí era ganancia, ahora
lo considero pérdida por causa de Cristo.

FILIPENSES 3:7

Pase lo que pase, compórtense de una manera
digna del evangelio de Cristo.

FILIPENSES 1:27

Llénenme de alegría teniendo un mismo parecer, un mismo amor, unidos en alma y pensamiento. No hagan nada por egoísmo o vanidad;
más bien, con humildad consideren a los demás
como superiores a ustedes mismos. Cada uno
debe velar no solo por sus propios intereses sino
también por los intereses de los demás. La actitud de ustedes debe ser como la de Cristo Jesús.

FILIPENSES 2:2-5

Por tanto, no sean insensatos, sino entiendan
cuál es la voluntad del Señor.

EFESIOS 5:17

No amemos de palabra ni de labios para
afuera, sino con hechos y de verdad.

1 JUAN 3:18

PRIORIDADES

El Dios que da la paz levantó de entre los
muertos al gran Pastor de las ovejas, a nuestro
Señor Jesús, por la sangre del pacto eterno.
Que él los capacite en todo lo bueno para
hacer su voluntad. Y que, por medio de
Jesucristo, Dios cumpla en nosotros lo que le
agrada. A él sea la gloria por los siglos de los
siglos. Amén.

HEBREOS 13:20-21

Considero que mi vida carece de valor para mí
mismo, con tal de que termine mi carrera y
lleve a cabo el servicio que me ha encomendado el Señor Jesús, que es el de dar testimonio
del evangelio de la gracia de Dios.

HECHOS 20:24

En realidad, sin fe es imposible agradar a
Dios, ya que cualquiera que se acerca a Dios
tiene que creer que él existe y que recompensa
a quienes lo buscan.

HEBREOS 11:6

Cuán grande es tu bondad, que atesoras para
los que te temen, y que a la vista de la gente
derramas sobre los que en ti se refugian.

SALMO 31:19

PROPÓSITO

PASIÓN POR DIOS

Pablo logró hacer una cantidad asombrosa de cosas en dos décadas de ministerio. ¿Qué lo impulsó a llevar adelante la obra? Los líderes eficientes, como Pablo, son los que descubren para qué viven. Identificaron el propósito en su vida y lo persiguen con pasión.

Antes de su extraordinaria conversión, Pablo persiguió un propósito distinto en su vida. Como miembro de los fariseos, Pablo alcanzó la mayor estatura posible. Podía alardear de su preparación religiosa, su herencia y costumbres. Sus credenciales habrían impresionado al judío más devoto. Sin embargo, Pablo consideró todo lo conseguido con su celo religioso como basura ante la importancia de conocer a Cristo. Tenía la mayor felicidad al deshacerse de todo lo que consiguió para conocer a Cristo.

Pablo predicó que en Cristo, él mismo y todos los creyentes tienen toda la justicia de Dios. Y por causa del infinito valor de conocer a Cristo, Pablo dedicó su vida al conocimiento del Salvador. Ese era su propósito y

———

pasión. Y ese propósito marcó todo lo que hizo e influyó en todos los que dirigió.

Es irónico que las personas tienden a poner mayor empeño en el planeamiento de unas vacaciones de dos semanas que en la proyección del destino de su vida terrenal. Pocas personas pueden articular una declaración de propósito para su vida. Como líderes santos, debemos tener un propósito en la vida dedicado a Dios y a su reino.

¿Para qué te levantas por la mañana? ¿Cuál es el propósito de tu vida?

Pues aunque vivimos en el mundo, no libramos batallas como lo hace el mundo. Las armas con que luchamos no son del mundo, sino que tienen el poder divino para derribar fortalezas. Destruimos argumentos y toda altivez que se levanta contra el conocimiento de Dios, y llevamos cautivo todo pensamiento para que se someta a Cristo.

2 CORINTIOS 10:3-5

Mi alma se aferra a ti; tu mano derecha me sostiene.

SALMO 63:8

PROPÓSITO

Es más, todo lo considero pérdida por razón del incomparable valor de conocer a Cristo Jesús, mi Señor. Por él lo he perdido todo, y lo tengo por estiércol, a fin de ganar a Cristo y encontrarme unido a él. No quiero mi propia justicia que procede de la ley, sino la que se obtiene mediante la fe en Cristo, la justicia que procede de Dios, basada en la fe. Lo he perdido todo a fin de conocer a Cristo, experimentar el poder que se manifestó en su resurrección, participar en sus sufrimientos y llegar a ser semejante a él en su muerte. Así espero alcanzar la resurrección de entre los muertos. No es que ya lo haya conseguido todo, o que ya sea perfecto. Sin embargo, sigo adelante esperando alcanzar aquello para lo cual Cristo Jesús me alcanzó a mí.

FILIPENSES 3:8-12

«Porque los ojos del Señor están sobre los justos, y sus oídos, atentos a sus oraciones; pero el rostro del Señor está contra los que hacen el mal.» Y a ustedes, ¿quién les va a hacer daño si se esfuerzan por hacer el bien? ¡Dichosos si sufren por causa de la justicia!

1 PEDRO 3:12-14

PROPÓSITO

Asegúrense de que nadie deje de alcanzar la gracia de Dios; de que ninguna raíz amarga brote y cause dificultades y corrompa a muchos.

HEBREOS 12:15

Esmérate en seguir la justicia, la piedad, la fe, el amor, la constancia y la humildad. Pelea la buena batalla de la fe; haz tuya la vida eterna, a la que fuiste llamado.

1 TIMOTEO 6:11-12

He peleado la buena batalla, he terminado la carrera, me he mantenido en la fe. Por lo demás me espera la corona de justicia que el Señor, el juez justo, me otorgará en aquel día; y no solo a mí, sino también a todos los que con amor hayan esperado su venida.

2 TIMOTEO 4:7-8

Deseo que ... pelees la buena batalla y mantengas la fe y una buena conciencia. Por no hacerle caso a su conciencia, algunos han naufragado en la fe.

1 TIMOTEO 1:18-19

RELACIONES
RECONCILIADAS

La Biblia se dedica a las relaciones. Dios es un ser personal que pagó un alto precio para darnos acceso a una relación con él por los méritos de Jesucristo. A cambio, quiere que esta relación se refleje en nuestras relaciones con otros.

A veces, fortalecer las relaciones requiere tanto la gracia de Dios como una gran reserva de amor. Ese era el caso de Oseas. Como profeta de Israel, la función de Oseas era predecir el exilio y posterior restauración del pueblo. Para ilustrar el amor de Dios por su nación, Dios le mandó que se casara con Gómer, una prostituta. Oseas obedeció, pero se le quebrantó el corazón cuando ella le fue infiel y lo abandonó. Luego, Oseas la perdonó y renovó su relación matrimonial.

El amor de Oseas por Gómer sirve como ilustración del amor de Dios por su pueblo infiel. Y nos sirve como ejemplo a nosotros también. Los líderes astutos entienden que cuanto mejor sea la relación con sus seguidores, más eficientes serán en su liderazgo. A

---

veces, Dios llama a un líder para alcanzar,
perdonar y restaurar a los que le agraviaron.
Estas acciones requieren la gracia y el amor de
Dios. Cuando Dios te llama a procurar la
reconciliación con alguno que te ofendió,
¿cómo le responderás? No te olvides que los
grandes líderes conocen bien el perdón.

Que se toleren unos a otros y se perdonen si
alguno tiene queja contra otro. Así como el
Señor los perdonó, perdonen también ustedes.

COLOSENSES 3:13

No formen yunta con los incrédulos. ¿Qué
tienen en común la justicia y la maldad? ¿O
qué comunión puede tener la luz con la
oscuridad? ... ¿Qué tiene en común un
creyente con un incrédulo? ... Porque nosotros
somos templo del Dios viviente. Como él ha
dicho: «Viviré con ellos y caminaré entre
ellos. Yo seré su Dios, y ellos serán mi
pueblo.» Por tanto, el Señor añade: «Salgan
de en medio de ellos y apártense. No toquen
nada impuro, y yo los recibiré.»

2 CORINTIOS 6:14-17

———

Por la gracia que se me ha dado, les digo a todos ustedes: Nadie tenga un concepto de sí más alto que el que debe tener, sino más bien piense de sí mismo con moderación, según la medida de fe que Dios le haya dado. Pues así como cada uno de nosotros tiene un solo cuerpo con muchos miembros, y no todos estos miembros desempeñan la misma función, también nosotros, siendo muchos, formamos un solo cuerpo en Cristo, y cada miembro está unido a todos los demás.

ROMANOS 12:3-5

Más valen dos que uno, porque obtienen más fruto de su esfuerzo. Si caen, el uno levanta al otro. ¡Ay del que cae y no tiene quien lo levante! Si dos se acuestan juntos, entrarán en calor; uno solo ¿cómo va a calentarse? Uno solo puede ser vencido, pero dos pueden resistir. ¡La cuerda de tres hilos no se rompe fácilmente!

ECLESIASTÉS 4:9-12

Con tus buenas obras, dales tú mismo ejemplo en todo. Cuando enseñes, hazlo con integridad y seriedad, y con un mensaje sano e intachable. Así se avergonzará cualquiera que se oponga, pues no podrá decir nada malo de nosotros.

TITO 2:7-8

El hierro se afila con el hierro, y el hombre en el trato con el hombre.

PROVERBIOS 27:17

[Sean] siempre humildes y amables, pacientes, tolerantes unos con otros en amor. Esfuércense por mantener la unidad del Espíritu mediante el vínculo de la paz.

EFESIOS 4:2-3

Pedro tomó la palabra, y dijo:

—Ahora comprendo que en realidad para Dios no hay favoritismos, sino que en toda nación él ve con agrado a los que le temen y actúan con justicia.

HECHOS 10:34-35

Hermanos míos, la fe que tienen en nuestro glorioso Señor Jesucristo no debe dar lugar a favoritismos.

SANTIAGO 2:1

Miren que no menosprecien a uno de estos pequeños. Porque les digo que en el cielo los ángeles de ellos contemplan siempre el rostro de mi Padre celestial.

MATEO 18:10

RELACIONES

El SEÑOR dijo: «La gente se fija en las apariencias, pero yo me fijo en el corazón.»

1 SAMUEL 16:7

No reprendas con dureza al anciano, sino aconséjalo como si fuera tu padre. Trata a los jóvenes como a hermanos; a las ancianas, como a madres; a las jóvenes, como a hermanas, con toda pureza.

1 TIMOTEO 5:1-2

Ayúdense unos a otros a llevar sus cargas, y así cumplirán la ley de Cristo.

GÁLATAS 6:2

Paguen a cada uno lo que le corresponda: si deben impuestos, paguen los impuestos; si deben contribuciones, paguen las contribuciones; al que deban respeto, muéstrenle respeto; al que deban honor, ríndanle honor. No tengan deudas pendientes con nadie, a no ser la de amarse unos a otros.

ROMANOS 13:7-8

El fruto de la justicia se siembra en paz para los que hacen la paz.

SANTIAGO 3:18

UNA MOTIVACIÓN
MERITORIA

No hay vuelta que darle, la gente se
motiva con recompensas. Dios lo sabe
bien. Muchas personas perciben a Dios como
un déspota que disfruta al provocar dolor y
que de mala gana recompensa el buen comportamiento. Sin embargo, el retrato bíblico
de Dios en ambos Testamentos es muy
opuesto. Las Escrituras siempre presentan a
Dios como el amante de nuestra alma que se
deleita en recompensarnos con su gozo. La
Biblia está llena de promesas por las recompensas que Dios le dará a los que le siguen.

Posiblemente no existe un capítulo que lo
ilustre mejor que Hebreos 11. Una lectura
cuidadosa de este capítulo revela que muchos
hombres y mujeres de bien ejercieron su fe,
pero solo pudieron «anhelar» su recompensa;
pues no la recibieron en esta vida. Incluso,
algunos tuvieron sufrimientos mientras espe-
raban la recompensa prometida. Abraham,
Noé, Enoc, Jacob, José y Moisés vivieron una
vida de fe a pesar de que «reconocieron a lo
lejos» la recompensa.

La mayoría de nosotros se aburriría muy rápido con el trabajo si no hubiera otra recompensa que el dinero. Los líderes eficientes entienden la necesidad humana de la recompensa, y utilizan el reconocimiento y la compensación para elevar el entusiasmo y mejorar el rendimiento. Una recompensa puede ser algo tan simple y capaz como una palabra de aliento o tan intenso como un programa para compartir las ganancias. Sin un sistema de motivación, los trabajadores tenderán a hacer lo mínimo indispensable en el esfuerzo y el rendimiento.

Recita siempre el libro de la ley y medita en él de día y de noche; cumple con cuidado todo lo que en él está escrito. Así prosperarás y tendrás éxito.

JOSUÉ 1:8

Esto es lo que dice el SEÑOR, tu Redentor, el Santo de Israel: «Yo soy el SEÑOR tu Dios, que te enseña lo que te conviene, que te guía por el camino en que debes andar.

ISAÍAS 48:17

Querido hermano, oro para que te vaya bien en todos tus asuntos y goces de buena salud, así como prosperas espiritualmente.

3 JUAN 2

Recuerda al SEÑOR tu Dios, porque es él quien te da el poder para producir esa riqueza; así ha confirmado hoy el pacto que bajo juramento hizo con tus antepasados.

DEUTERONOMIO 8:18

Dichoso el hombre que no sigue el consejo de los malvados, ni se detiene en la senda de los pecadores ni cultiva la amistad de los blasfemos, sino que en la ley del SEÑOR se deleita, y día y noche medita en ella. Es como el árbol plantado a la orilla de un río que, cuando llega su tiempo, da fruto y sus hojas jamás se marchitan. ¡Todo cuanto hace prospera!

SALMO 1:2-3

Si cumples las leyes y normas que el SEÑOR le entregó a Israel por medio de Moisés, entonces te irá bien. ¡Sé fuerte y valiente! ¡No tengas miedo ni te desanimes!

1 CRÓNICAS 22:13

RECOMPENSAS

Pon en manos del SEÑOR todas tus obras, y tus proyectos se cumplirán.

PROVERBIOS 16:3

Nunca te abandonen el amor y la verdad: llévalos siempre alrededor de tu cuello y escríbelos en el libro de tu corazón. Contarás con el favor de Dios y tendrás buena fama entre la gente.

PROVERBIOS 3:3-4

Si ellos le obedecen y le sirven, pasan el resto de su vida en prosperidad, pasan felices los años que les quedan.

JOB 36:11

«Si tu enemigo tiene hambre, dale de comer; si tiene sed, dale de beber. Actuando así, harás que se avergüence de su conducta.» No te dejes vencer por el mal; al contrario, vence el mal con el bien.

ROMANOS 12:20-21

Deléitate en el SEÑOR, y él te concederá los deseos de tu corazón. Encomienda al SEÑOR tu camino; confía en él, y él actuará. Hará que tu justicia resplandezca como el alba; tu justa causa, como el sol de mediodía.

SALMO 37:4-6

———

Honra al Señor con tus riquezas y con los primeros frutos de tus cosechas. Así tus graneros se llenarán a reventar y tus bodegas rebosarán de vino nuevo.

Proverbios 3:9-10

El Señor abrirá los cielos, su generoso tesoro, para derramar a su debido tiempo la lluvia sobre la tierra, y para bendecir todo el trabajo de tus manos. Tú les prestarás a muchas naciones, pero no tomarás prestado de nadie. El Señor te pondrá a la cabeza, nunca en la cola. Siempre estarás en la cima, nunca en el fondo, con tal de que prestes atención a los mandamientos del Señor tu Dios que hoy te mando, y los obedezcas con cuidado.

Deuteronomio 28:12-13

Con sabiduría se construye la casa; con inteligencia se echan los cimientos.

Proverbios 24:3

Cada uno se sacia del fruto de sus labios, y de la obra de sus manos recibe su recompensa.

Proverbios 12:14

RECOMPENSAS

———

Les animamos a amarse aún más, a procurar
vivir en paz con todos, a ocuparse de sus
propias responsabilidades y a trabajar con sus
propias manos. Así les he mandado, para que
por su modo de vivir se ganen el respeto de
los que no son creyentes, y no tengan que
depender de nadie.

1 TESALONICENSES 4:11-12

No se olviden de hacer el bien y de compartir
con otros lo que tienen, porque ésos son los
sacrificios que agradan a Dios.

HEBREOS 13:16

Que el SEÑOR le pague a cada uno según su
rectitud y lealtad.

1 SAMUEL 26:23

En realidad, sin fe es imposible agradar a
Dios, ya que cualquiera que se acerca a Dios
tiene que creer que él existe y que recompensa
a quienes lo buscan.

HEBREOS 11:6

CORRER RIESGOS

CON DIOS
NO HAY RIESGOS

Los líderes necesitan valor para tomar decisiones difíciles. Josué enfrentó tal crisis en su papel de líder. No solo tuvo que lidiar con las fuerzas militares destacadas en la tierra prometida, sino que también las enfrentó con una banda indisciplinada de pastores nómadas.

Dios vio que Josué necesitaba valor y le guió para fortalecer su fe. Primero, le recordó su fidelidad para cumplir todas sus promesas. El éxito de Josué no dependía de una estrategia militar ni de un ejército bien preparado, sino de la fidelidad de Dios. Segundo, Dios le mandó a Josué que meditara en sus palabras. El «Libro de la Ley» le daría la sabiduría y el ánimo necesarios para guiar con valor al pueblo. Tercero, Dios prometió estar presente en persona con Josué. A pesar de la intimidación del enemigo o de la rebeldía del pueblo, Dios siempre estaría a su lado.

Las mismas fuentes de valentía que impulsaron a Josué están a disposición de cualquier líder actual que las acepte. Cuando se enfrenta

———

con una decisión comercial riesgosa, el líder
santo busca a Dios en oración y en su Palabra
revelada para obtener la visión y la valentía
necesarias para tomar la mejor decisión.

El liderazgo, por naturaleza, inspira a las
personas a ir en direcciones diferentes a las
que irían por su cuenta. De vez en cuando el
buen líder debe incursionar territorios inexplorados, con la osadía de un líder. Deja que
las palabras que Dios le habló a Josué te den
la valentía que necesitas.

«Porque mis pensamientos no son los de ustedes, ni sus caminos son los míos —afirma el
Señor—. Mis caminos y mis pensamientos
son más altos que los de ustedes; ¡más altos
que los cielos sobre la tierra!»

ISAÍAS 55:8-9

Clama a mí y te responderé, y te daré a conocer cosas grandes y ocultas que tú no sabes.

JEREMÍAS 33:3

Si Dios está de nuestra parte, ¿quién puede
estar en contra nuestra?

ROMANOS 8:31

Dios es fiel, y no permitirá que ustedes sean tentados más allá de lo que puedan aguantar. Más bien, cuando llegue la tentación, él les dará también una salida a fin de que puedan resistir.

1 CORINTIOS 10:13

Muchas son las angustias del justo, pero el SEÑOR lo librará de todas ellas.

SALMO 34:19

Mantengamos firme la esperanza que profesamos, porque fiel es el que hizo la promesa.

HEBREOS 10:23

Conozcamos al SEÑOR; vayamos tras su conocimiento. Tan cierto como que sale el sol, él habrá de manifestarse; vendrá a nosotros como la lluvia de invierno, como la lluvia de primavera que riega la tierra.

OSEAS 6:3

Ahora bien, sabemos que Dios dispone todas las cosas para el bien de quienes lo aman, los que han sido llamados de acuerdo con su propósito.

ROMANOS 8:28

CORRER RIESGOS

Así que no temas, porque yo estoy contigo;
no te angusties, porque yo soy tu Dios. Te
fortaleceré y te ayudaré; te sostendré con mi
diestra victoriosa.

ISAÍAS 41:10

Haré con ellos un pacto eterno: Nunca dejaré
de estar con ellos para mostrarles mi favor;
pondré mi temor en sus corazones, y así no se
apartarán de mí.

JEREMÍAS 32:40

Tu gran amor, SEÑOR, perdura para siempre;
¡no abandones la obra de tus manos!

SALMO 138:8

Y cuando piden, no reciben porque piden con
malas intenciones, para satisfacer sus propias
pasiones.

SANTIAGO 4:3

¡Sé fuerte y valiente! ¡No tengas miedo ni te
desanimes! Porque el SEÑOR tu Dios te acompañará dondequiera que vayas.

JOSUÉ 1:9

CORRER RIESGOS

———

Cuando Jesús alzó la vista y vio una gran multitud que venía hacia él, le dijo a Felipe:

—¿Dónde vamos a comprar pan para que coma esta gente?

Esto lo dijo sólo para ponerlo a prueba, porque él ya sabía lo que iba a hacer.

—Ni con el salario de ocho meses podríamos comprar suficiente pan para darle un pedazo a cada uno —respondió Felipe.

Otro de sus discípulos, Andrés, que era hermano de Simón Pedro, le dijo:

—Aquí hay un muchacho que tiene cinco panes de cebada y dos pescados, pero ¿qué es esto para tanta gente?

—Hagan que se sienten todos —ordenó Jesús.

En ese lugar había mucha hierba. Así que se sentaron, y los varones adultos eran como cinco mil. Jesús tomó entonces los panes, dio gracias y distribuyó a los que estaban sentados todo lo que quisieron.

JUAN 6:5-11

A cada uno le parece correcto su proceder, pero el SEÑOR juzga los corazones.

PROVERBIOS 21:2

Encomienda al SEÑOR tus afanes, y él te sos-

---

tendrá; no permitirá que el justo caiga y
quede abatido para siempre.

SALMO 55:22

Él enaltece a los humildes y da seguridad a los
enlutados. Él deshace las maquinaciones de los
astutos,para que no prospere la obra de sus
manos.

JOB 5:11-12

Ya te lo he ordenado: ¡Sé fuerte y valiente!
¡No tengas miedo ni te desanimes! Porque el
SEÑOR tu Dios te acompañará dondequiera
que vayas.

JOSUÉ 1:9

Encomienda al SEÑOR tu camino; confía en él, y
él actuará. Hará que tu justicia resplandezca como
el alba; tu justa causa, como el sol de mediodía.

SALMO 37:5-6

Bendito el hombre que confía en el Señor, y
pone su confianza en él. Será como un árbol
plantado junto al agua, que extiende sus
raíces hacia la corriente; no teme que llegue el
calor, y sus hojas están siempre verdes. En
época de sequía no se angustia, y nunca deja
de dar fruto.

JEREMÍAS 17:7-8

Haz lo que hace falta hacer

La autodisciplina puede definirse simplemente como la cualidad que permite a una persona hacer lo que hace falta aunque no tenga deseos de hacerlo. Muy pocas personas demuestran estas cualidades: compostura, sobriedad, tranquilidad, paciencia, autocontrol, refreno. Los que las tienen, generalmente llegan a ser líderes eficientes.

El apóstol Pablo entendió la importancia de la disciplina. Como seguidores de Cristo, nuestra vida espiritual forma la médula de nuestro carácter. Debemos comportarnos como corredores. Durante una carrera, los corredores no pasan de un carril a otro. Ponen su atención en la línea final y corren con disciplina hacia la meta.

Pablo se preparó para su carrera espiritual diaria como un atleta de primera clase porque quería tener el dominio propio necesario para terminar la carrera sin que lo descalificaran. Los líderes santos deben cultivar ese mismo estilo de disciplina espiritual. De ese modo impactarán otras esferas de la vida de liderazgo: cómo tratamos a otros, a quién acudimos para las respuestas a las grandes decisiones, y los dones que utilizamos para completar las funciones diarias.

Para ser un líder eficiente debes reconocer los hábitos que necesitas edificar en tu vida a fin de guiar con diligencia: dones tales como la disciplina física, equilibrio entre el trabajo y el hogar, sujeción en las finanzas y la vida privada, etc. Ajústate los cordones de los zapatos y empieza a correr. Los hábitos de disciplina no solo te darán el impulso para avanzar, sino también podrás correr la carrera terrenal con energía y propósito.

Ama al SEÑOR tu Dios con todo tu corazón y con toda tu alma y con todas tus fuerzas.

DEUTERONOMIO 6:5

Y esfuércense por cumplir fielmente el mandamiento y la ley que les ordenó Moisés, siervo del SEÑOR: amen al SEÑOR su Dios, condúzcanse de acuerdo con su voluntad, obedezcan sus mandamientos, manténganse unidos firmemente a él y sírvanle de todo corazón y con todo su ser.

JOSUÉ 22:5

AUTODISCIPLINA

SEÑOR, Dios de Israel, no hay Dios como tú arriba en el cielo ni abajo en la tierra, pues tú cumples tu pacto de amor con quienes te sirven y te siguen de todo corazón.

1 REYES 8:23

Yo sé que tú amas la verdad en lo íntimo; en lo secreto me has enseñado sabiduría.

SALMO 51:6

Al de carácter firme lo guardarás en perfecta paz, porque en ti confía.

ISAÍAS 26:3

La mentalidad pecaminosa es muerte, mientras que la mentalidad que proviene del Espíritu es vida y paz.

ROMANOS 8:6

Porque el reino de Dios no es cuestión de comidas o bebidas sino de justicia, paz y alegría en el Espíritu Santo.

ROMANOS 14:17

Dichosos los que tienen hambre y sed de justicia, porque serán saciados.

MATEO 5:6

PALABRAS DE DIOS SOBRE LA

AUTODISCIPLINA

———

Ya que han resucitado con Cristo, busquen las cosas de arriba, donde está Cristo sentado a la derecha de Dios. Concentren su atención en las cosas de arriba, no en las de la tierra.

COLOSENSES 3:1-2

Trabajen, pero no por la comida que es perecedera, sino por la que permanece para vida eterna, la cual les dará el Hijo del hombre. Sobre éste ha puesto Dios el Padre su sello de aprobación.

JUAN 6:27

Jesús dijo: «Y yo le pediré al Padre, y él les dará otro Consolador para que los acompañe siempre: el Espíritu de verdad, a quien el mundo no puede aceptar porque no lo ve ni lo conoce. Pero ustedes sí lo conocen, porque vive con ustedes y estará en ustedes.»

JUAN 14:16-17

Así condenó Dios al pecado en la naturaleza humana, a fin de que las justas demandas de la ley se cumplieran en nosotros, que no vivimos según la naturaleza pecaminosa sino según el Espíritu.

ROMANOS 8:3-4

AUTODISCIPLINA

¡Pero tengan cuidado! Presten atención y no olviden las cosas que han visto sus ojos, ni las aparten de su corazón mientras vivan. Cuéntenselas a sus hijos y a sus nietos.

DEUTERONOMIO 4:9

Pero ten cuidado de no olvidar al SEÑOR tu Dios. No dejes de cumplir sus mandamientos, normas y preceptos que yo te mando hoy. Y cuando hayas comido y te hayas saciado, cuando hayas edificado casas cómodas y las habites, cuando se hayan multiplicado tus ganados y tus rebaños, y hayan aumentado tu plata y tu oro y sean abundantes tus riquezas, no te vuelvas orgulloso ni olvides al SEÑOR tu Dios, quien te sacó de Egipto, la tierra donde viviste como esclavo.

DEUTERONOMIO 8:11-14

Si hubiéramos olvidado el nombre de nuestro Dios, o tendido nuestras manos a un dios extraño, ¿acaso Dios no lo habría descubierto, ya que él conoce los más íntimos secretos?

SALMO 44:20-21

PALABRAS DE DIOS SOBRE LA

AUTODISCIPLINA

———————

Así dice el SEÑOR: «Deténganse en los caminos
y miren; pregunten por los senderos antiguos.
Pregunten por el buen camino, y no se aparten
de él. Así hallarán el descanso anhelado.

JEREMÍAS 6:16

Los que temían al SEÑOR hablaron entre sí, y él
los escuchó y les prestó atención. Entonces se
escribió en su presencia un libro de memorias de
aquellos que temen al SEÑOR y honran su nombre. «El día que yo actúe ellos serán mi propiedad
exclusiva —dice el SEÑOR Todopoderoso—.
Tendré compasión de ellos, como se compadece
un hombre del hijo que le sirve.»

MALAQUÍAS 3:16-17

Más bien, crezcan en la gracia y en el conocimiento de nuestro Señor y Salvador Jesucristo.
¡A él sea la gloria ahora y para siempre! Amén.

2 PEDRO 3:18

Esfuérzate por presentarte a Dios aprobado,
como obrero que no tiene de qué avergonzarse y
que interpreta rectamente la palabra de verdad.

2 TIMOTEO 2:15

LIDERAZGO SERVICIAL

SERVICIO QUE GUÍA

Un líder puede elegir entre dos orientaciones fundamentales, pero opuestas, en su organización. Un paradigma lo impulsa a *tomar* de la organización cuantos beneficios y privilegios le sean posibles. En este modelo, la organización existe para ofrecer un título, un trabajo, situación y servicio. La segunda orientación le pide al líder evaluar qué puede contribuir u *ofrecer* a la organización. En este modelo, el líder toma lo que necesita de la organización, pero su pasión es engrandecerla, servirla en sus necesidades. El que sigue el segundo plan es un líder siervo, y Bernabé fue el modelo competente para este enfoque. Su vida enseña este principio sistémico. En pocas palabras, Bernabé estaba convencido de que Dios lo puso en la tierra para ayudar a otros a tener vidas productivas y satisfechas.

La forma en que un líder usa su poder indicará la calidad de su liderazgo. Los buenos líderes hacen cosas buenas. Sus vidas cuentan. Eso es bueno. Los líderes siervos hacen grandes obras. Ayudan a que cuenten las vidas de otros mediante el servicio. El liderazgo del

---

siervo es un gran liderazgo. La vida de Bernabé ilustra las numerosas verdades del liderazgo, pero el servicio es una de las más importantes. Pablo señaló a Timoteo como uno que pertenecía a una especie extraña cuando lo encomendó a la iglesia filipense como un líder que los serviría bien. Nuestro poder debe utilizarse para servir a otros.

El más importante entre ustedes será siervo de los demás.

MATEO 23:11

El que quiera hacerse grande entre ustedes deberá ser su servidor, y el que quiera ser el primero deberá ser esclavo de todos.

MARCOS 10:43-44

Jesús dijo a los discípulos: «El mayor debe comportarse como el menor, y el que manda como el que sirve. Porque, ¿quién es más importante, el que está a la mesa o el que sirve? ¿No lo es el que está sentado a la mesa? Sin embargo, yo estoy entre ustedes como uno que sirve.»

LUCAS 22:26-27

LIDERAZGO SERVICIAL

———

Jesús dijo: «Les he puesto el ejemplo, para que hagan lo mismo que yo he hecho con ustedes. Ciertamente les aseguro que ningún siervo es más que su amo, y ningún mensajero es más que el que lo envió.»

JUAN 13:15-16

Aunque soy libre respecto a todos, de todos me he hecho esclavo para ganar a tantos como sea posible. Entre los judíos me volví judío, a fin de ganarlos a ellos. Entre los que viven bajo la ley me volví como los que están sometidos a ella (aunque yo mismo no vivo bajo la ley), a fin de ganar a éstos. Entre los que no tienen la ley me volví como los que están sin ley (aunque no estoy libre de la ley de Dios sino comprometido con la ley de Cristo), a fin de ganar a los que están sin ley. Entre los débiles me hice débil, a fin de ganar a los débiles. Me hice todo para todos, a fin de salvar a algunos por todos los medios posibles.

1 CORINTIOS 9:19-22

Hay diversas maneras de servir, pero un mismo Señor.

1 CORINTIOS 12:5

LIDERAZGO SERVICIAL

———

La actitud de ustedes debe ser como la de Cristo Jesús, quien, siendo por naturaleza Dios, no consideró el ser igual a Dios como algo a qué aferrarse. Por el contrario, se rebajó voluntariamente, tomando la naturaleza de siervo y haciéndose semejante a los seres humanos. Y al manifestarse como hombre, se humilló a sí mismo y se hizo obediente hasta la muerte, ¡y muerte de cruz!

FILIPENSES 2:5-8

Y esfuércense por cumplir fielmente el mandamiento y la ley que les ordenó Moisés, siervo del SEÑOR: amen al SEÑOR su Dios, condúzcanse de acuerdo con su voluntad, obedezcan sus mandamientos, manténganse unidos firmemente a él y sírvanle de todo corazón y con todo su ser.

JOSUÉ 22:5

Porque el que quiera salvar su vida, la perderá; pero el que pierda su vida por mi causa, la encontrará.

MATEO 16:25

Solamente al SEÑOR tu Dios debes seguir y rendir culto. Cumple sus mandamientos y obedécelo; sírvele y permanece fiel a él.

DEUTERONOMIO 13:4

LIDERAZGO SERVICIAL

Dijo Jesús: «Porque escrito está: "Adora al Señor tu Dios y sírvele solamente a él."»

MATEO 4:10

Pero si a ustedes les parece mal servir al Señor, elijan ustedes mismos a quiénes van a servir ... Por mi parte, mi familia y yo serviremos al Señor

JOSUÉ 24:15

Ámense los unos a los otros con amor fraternal, respetándose y honrándose mutuamente. Nunca dejen de ser diligentes; antes bien, sirvan al Señor con el fervor que da el Espíritu.

ROMANOS 12:10-11

Y ahora, Israel, ¿qué te pide el Señor tu Dios? Simplemente que le temas y andes en todos sus caminos, que lo ames y le sirvas con todo tu corazón y con toda tu alma, y que cumplas los mandamientos y los preceptos que hoy te manda cumplir, para que te vaya bien.

DEUTERONOMIO 10:12-13

LIDERAZGO SERVICIAL

———

Pero los exhorto a temer al SEÑOR y a servirle fielmente y de todo corazón, recordando los grandes beneficios que él ha hecho en favor de ustedes.

1 SAMUEL 12:24

El que quiera hacerse grande entre ustedes deberá ser su servidor, y el que quiera ser el primero deberá ser esclavo de los demás

MATEO 20:26-27

—El que recibe en mi nombre a este niño —les dijo—, me recibe a mí; y el que me recibe a mí, recibe al que me envió. El que es más insignificante entre todos ustedes, ése es el más importante.

LUCAS 9:48

El que habla, hágalo como quien expresa las palabras mismas de Dios; el que presta algún servicio, hágalo como quien tiene el poder de Dios. Así Dios será en todo alabado por medio de Jesucristo, a quien sea la gloria y el poder por los siglos de los siglos. Amén.

1 PEDRO 4:11

LIDERAZGO SEGÚN LA SITUACIÓN

LIDERAZGO A LA MEDIDA DE LA NECESIDAD

Jesús escogió doce hombres y los preparó hasta que se convirtieron en los primeros líderes de la iglesia. Dentro de unos pocos años les delegaría la continuación de la obra de su reino.

Un estudio espontáneo de la manera en que Jesús preparó a los doce revelaría la eficacia con que adaptó su liderazgo a las realidades circunstanciales. Los instruyó cuando estaban desinformados, los dirigió cuando estaban confundidos, los empujó cuando dudaban y los animó cuando estaban descorazonados. Cuando estaban listos, les asignó tareas y responsabilidades limitadas, y luego participó con ellos al darles guía en medio de sus asignaciones. Finalmente les dio poder y los comisionó como apóstoles.

El Maestro nos muestra que el liderazgo eficiente se adapta a la situación. Los impulsos y deseos no dirigen la acción inteligente (aun cuando el líder es Jesús). La eficiencia del liderazgo la impulsa lo que necesitan los seguidores. Jesús observó y entendió lo que sus seguidores necesitaban y lo suplió. Siempre interactuó con ellos en el lugar y respondió de manera apropiada. A los tres años estos galileos desconocidos empezaron a cambiar al mundo.

Al observar a Jesús en su preparación de los doce en los Evangelios, notamos cómo sus acciones siempre fueron exactamente apropiadas para cada circunstancia. Jesús actuaba a propósito en su liderazgo circunstancial. Los líderes que analizan una situación y adaptan su actividad a ella, pueden actuar como líderes siervos y como líderes de transformación, y también impactar profundamente la vida de sus seguidores.

Por tu gran amor guías al pueblo que has rescatado; por tu fuerza los llevas a tu santa morada.

ÉXODO 15:13

Tú, SEÑOR, eres mi lámpara; tú, SEÑOR, iluminas mis tinieblas.

2 SAMUEL 22:29

SEÑOR, por causa de mis enemigos, dirígeme en tu justicia; empareja delante de mí tu senda.

SALMO 5:8

LIDERAZGO SEGÚN LA

SITUACIÓN

En verdes pastos me hace descansar. Junto a tranquilas aguas me conduce; me infunde nuevas fuerzas. Me guía por sendas de justicia por amor a su nombre.

SALMO 23:2-3

SEÑOR, hazme conocer tus caminos; muéstrame tus sendas. Encamíname en tu verdad, ¡enséñame! Tú eres mi Dios y Salvador; ¡en ti pongo mi esperanza todo el día!

SALMO 25:4-5

¡Este Dios es nuestro Dios eterno! ¡Él nos guiará para siempre!

SALMO 48:14

Me guías con tu consejo, y más tarde me acogerás en gloria.

SALMO 73:24

Por la mañana hazme saber de tu gran amor, porque en ti he puesto mi confianza. Señálame el camino que debo seguir, porque a ti elevo mi alma.

SALMO 143:8

LIDERAZGO SEGÚN LA SITUACIÓN

Fíjate si voy por mal camino, y guíame por el camino eterno.

SALMO 139:24

Voy por el camino de la rectitud, por los senderos de la justicia.

PROVERBIOS 8:20

Dichosos los que van por caminos perfectos, los que andan conforme a la ley del SEÑOR.

SALMO 119:1

Enséñame a hacer tu voluntad, porque tú eres mi Dios. Que tu buen Espíritu me guíe por un terreno sin obstáculos.

SALMO 143:10

Libra, además, a tu siervo de pecar a sabiendas; no permitas que tales pecados me dominen. Así estaré libre de culpa y de multiplicar mis pecados. Sean, pues, aceptables ante ti mis palabras y mis pensamientos, oh SEÑOR, roca mía y redentor mío.

SALMO 19:13-14

LIDERAZGO SEGÚN LA SITUACIÓN

Examíname, Señor; ¡ponme a prueba! purifica mis entrañas y mi corazón. Tu gran amor lo tengo presente, y siempre ando en tu verdad.

Salmo 26:2-3

Guíame, pues eres mi roca y mi fortaleza, dirígeme por amor a tu nombre.

Salmo 31:3

Yo, el Señor, sondeo el corazón y examino los pensamientos, para darle a cada uno según sus acciones y según el fruto de sus obras.

Jeremías 17:10

Dime qué quieres que haga. Así sabré que en verdad cuento con tu favor.

Éxodo 33:13

Instrúyanme, y me quedaré callado; muéstrenme en qué estoy equivocado.

Job 6:24

Guíame, Señor, por tu camino; dirígeme por la senda de rectitud, por causa de los que me acechan.

Salmo 27:11

LIDERAZGO SEGÚN LA
SITUACIÓN

———

Yo sé que tú amas la verdad en lo íntimo; en lo secreto me has enseñado sabiduría.

SALMO 51:6

Hazme entender el camino de tus preceptos, y meditaré en tus maravillas.

SALMO 119:27

Enséñame, SEÑOR, a seguir tus decretos, y los cumpliré hasta el fin. Dame entendimiento para seguir tu ley, y la cumpliré de todo corazón. Dirígeme por la senda de tus mandamientos, porque en ella encuentro mi solaz. Inclina mi corazón hacia tus estatutos y no hacia las ganancias desmedidas. Aparta mi vista de cosas vanas, dame vida conforme a tu palabra.

SALMO 119:33-37

Hazme saber, SEÑOR, el límite de mis días, y el tiempo que me queda por vivir; hazme saber lo efímero que soy. Muy breve es la vida que me has dado; ante ti, mis años no son nada.

SALMO 39:4-5

LIDERAZGO SEGÚN LA SITUACIÓN

Que el Señor los lleve a amar como Dios ama, y a perseverar como Cristo perseveró.

1 Tesalonicenses 3:5

Bueno y justo es el SEÑOR; por eso les muestra a los pecadores el camino. Él dirige en la justicia a los humildes, y les enseña su camino.

Salmo 25:8-9

Instrúyeme, SEÑOR, en tu camino para conducirme con fidelidad. Dame integridad de corazón para temer tu nombre.

Salmo 86:11

El SEÑOR te guiará siempre; te saciará en tierras resecas, y fortalecerá tus huesos. Serás como jardín bien regado, como manantial cuyas aguas no se agotan.

Isaías 58:11

PALABRAS DE DIOS SOBRE LA

MAYORDOMÍA

INVERSIONES FIELES

Considera por un momento que todos en la tierra tienen la misma cantidad de tiempo. Presidente o vendedor de periódicos, ama de casa o ejecutivo, granjero o financiero: todos tienen exactamente veinticuatro horas por día.

Lo que distingue a las personas no es la cantidad de tiempo que tienen a su disposición, sino la manera en que usan sus dones y talentos en ese tiempo. De eso se trata la mayordomía: fidelidad en el desarrollo y el uso de los dones, talentos y recursos en el tiempo que nos asignó Dios.

Dentro de cada relación de mayordomía hay dos participantes: el maestro que reparte los recursos y que un día pedirá que se le rinda cuentas; y el mayordomo a quien se le confían los recursos y que al final debe responder por cómo los invirtió.

Cuando Jesús enseñó sobre su segunda venida, enfatizó una lección importante: Solo los mayordomos fieles estarán preparados para su regreso. La parábola que usó para enseñar esto fue la de los tres siervos que recibieron

---

una suma de dinero de su señor antes de que este partiera en un viaje largo. Al regresar, el señor descubrió que dos de los siervos invirtieron el dinero y que uno lo enterró. Cuando el siervo que enterró el dinero comenzó a ofrecer excusas, el señor no las aceptó. En vez de eso, lo reprendió por ser holgazán y lo castigó duramente.

Los líderes son mayordomos. Manejan múltiples recursos porque dirigen a otros en el uso de *sus propios* recursos. Considera de qué manera puedes invertir los múltiples recursos que Dios te confió.

Inclina mi corazón hacia tus estatutos y no hacia las ganancias desmedidas.

Salmo 119:36

El Señor es mi pastor, nada me falta.

Salmo 23:1

«Nadie puede servir a dos señores, pues menospreciará a uno y amará al otro, o querrá mucho a uno y despreciará al otro. No se puede servir a la vez a Dios y a las riquezas.»

Mateo 6:24

MAYORDOMÍA

———

Es cierto que con la verdadera religión se obtienen grandes ganancias, pero solo si uno está
satisfecho con lo que tiene. Porque nada trajimos
a este mundo, y nada podemos llevarnos. Así
que, si tenemos ropa y comida, contentémonos
con eso. Los que quieren enriquecerse caen en la
tentación y se vuelven esclavos de sus muchos
deseos. Estos afanes insensatos y dañinos hunden
a la gente en la ruina y en la destrucción. Porque
el amor al dinero es la raíz de toda clase de
males. Por codiciarlo, algunos se han desviado de
la fe y se han causado muchísimos sinsabores.

1 TIMOTEO 6:6-10

Jesús se sentó frente al lugar donde se deposi-
taban las ofrendas, y estuvo observando cómo
la gente echaba sus monedas en las alcancías
del templo. Muchos ricos echaban grandes
cantidades. Pero una viuda pobre llegó y echó
dos monedas de muy poco valor. Jesús llamó
a sus discípulos y les dijo: «Les aseguro que
esta viuda pobre ha echado en el tesoro más
que todos los demás. Éstos dieron de lo que
les sobraba; pero ella, de su pobreza, echó
todo lo que tenía, todo su sustento.»

MARCOS 12:41-44

MAYORDOMÍA

«¿Acaso roba el hombre a Dios? ¡Ustedes me están robando! Y todavía preguntan: "¿En qué te robamos?" En los diezmos y en las ofrendas. Ustedes —la nación entera— están bajo gran maldición, pues es a mí a quien están robando. Traigan íntegro el diezmo para los fondos del templo, y así habrá alimento en mi casa. Pruébenme en esto —dice el SEÑOR Todopoderoso—, y vean si no abro las compuertas del cielo y derramo sobre ustedes bendición hasta que sobreabunde.»

MALAQUÍAS 3:8-10

Jesús dijo: «¡Tengan cuidado! ... Absténganse de toda avaricia; la vida de una persona no depende de la abundancia de sus bienes.»

LUCAS 12:15

«Así que no se preocupen diciendo: "¿Qué comeremos?" o "¿Qué beberemos?" o "¿Con qué nos vestiremos?" Porque los paganos andan tras todas estas cosas, y el Padre celestial sabe que ustedes las necesitan. Más bien, busquen primeramente el reino de Dios y su justicia, y todas estas cosas les serán añadidas.»

MATEO 6:31-33

Presión o estrés

El estrés es un fenómeno complicado y potencialmente peligroso. Si eres un líder, puedes presumir que el estrés es solo un componente inevitable de tu trabajo. Sin embargo, el apóstol Pablo no dio consejo sobre el manejo del estrés, sino sobre la evasión del estrés. Antes de tildarlo de bonachón idealista, recuerda que la evasión del estrés no significa evadir la presión. Pablo nos enseña cómo hacer que la presión nos ayude.

Pablo logró en su vida mucho más de lo que muchas personas sueñan alcanzar. Lo hizo todo bajo constante persecución y oposición poderosa. Sin duda, Pablo sabía de qué se trataba la presión. Por eso tiene la autoridad para ayudar a los líderes de la actualidad a soportar tanta presión sin sucumbir ante el estrés que tan a menudo la acompaña. Pablo enseñó cuatro principios en Filipenses 3:1—4:6.

1. Define la perspectiva. En cuanto se adopta la perspectiva descrita en Filipenses, tiene sentido la «alegría» de Pablo.

ESTRÉS

---

2. Sé manso. Alguien asemejó una persona bajo los efectos del estrés a un automóvil cuyo conductor tiene un pie sobre el acelerador y otro en el freno. Repito: Sé manso.

3. Confía en Dios. Nuestro Señor soportó circunstancias de estrés en diversas ocasiones, pero todas fueron menores en comparación con el que sufrió desde Getsemaní hasta la cruz. Él entiende.

4. Vive éticamente. ¿Cuánto estrés genera la preocupación de que alguien se entere? Las personas de ética viven con menos estrés.

Es inevitable que el estrés se infiltre y, por momentos, nos inunde. Lee y hazle caso a este consejo básico para evitar el estrés.

Por su parte, la gente de Judá decía: «Los cargadores desfallecen, pues son muchos los escombros; ¡no vamos a poder reconstruir esta muralla!» ... A partir de aquel día la mitad de mi gente trabajaba en la obra, mientras la otra mitad permanecía armada con lanzas, escudos, arcos y corazas. Los jefes estaban pendientes de toda la gente de Judá.

NEHEMÍAS 4:10,16

ESTRÉS

___

En tu santuario, oh Dios, eres imponente; ¡el Dios de Israel da poder y fuerza a su pueblo! ¡Bendito sea Dios!

SALMO 68:35

Jesús dijo: «Vengan a mí todos ustedes que están cansados y agobiados, y yo les daré descanso. Carguen con mi yugo y aprendan de mí, pues yo soy apacible y humilde de corazón, y encontrarán descanso para su alma. Porque mi yugo es suave y mi carga es liviana.»

MATEO 11:28-30

Él fortalece al cansado y acrecienta las fuerzas del débil. Aun los jóvenes se cansan, se fatigan, y los muchachos tropiezan y caen; pero los que confían en el SEÑOR renovarán sus fuerzas; volarán como las águilas: correrán y no se fatigarán, caminarán y no cansarán.

ISAÍAS 40:29-31

No nos cansemos de hacer el bien, porque a su debido tiempo cosecharemos si no nos damos por vencidos.

GÁLATAS 6:9

ESTRÉS

Acuérdate del sábado, para consagrarlo. Trabaja seis días, y haz en ellos todo lo que tengas que hacer, pero el día séptimo será un día de reposo para honrar al SEÑOR tu Dios. No hagas en ese día ningún trabajo, ni tampoco tu hijo, ni tu hija, ni tu esclavo, ni tu esclava, ni tus animales, ni tampoco los extranjeros que vivan en tus ciudades. Acuérdate de que en seis días hizo el SEÑOR los cielos y la tierra, el mar y todo lo que hay en ellos, y que descansó el séptimo día. Por eso el SEÑOR bendijo y consagró el día de reposo.

ÉXODO 20:8-11

Así que no temas, porque yo estoy contigo; no te angusties, porque yo soy tu Dios. Te fortaleceré y te ayudaré; te sostendré con mi diestra victoriosa.

ISAÍAS 41:10

Daré de beber a los sedientos y saciaré a los que estén agotados.

JEREMÍAS 31:25

Por último, fortalézcanse con el gran poder del Señor.

EFESIOS 6:10

ESTRÉS

———

Si el SEÑOR no edifica la casa, en vano se esfuerzan los albañiles. Si el SEÑOR no cuida la ciudad, en vano hacen guardia los vigilantes. En vano madrugan ustedes, y se acuestan muy tarde, para comer un pan de fatigas, porque Dios concede el sueño a sus amados.

SALMO 127:1-2

En verdes pastos me hace descansar. Junto a tranquilas aguas me conduce; me infunde nuevas fuerzas. Me guía por sendas de justicia por amor a su nombre.

SALMO 23:2-3

Cuidémonos, por tanto, no sea que, aunque la promesa de entrar en su reposo sigue vigente, alguno de ustedes parezca quedarse atrás.

HEBREOS 4:1

Al llegar el séptimo día, Dios descansó porque había terminado la obra que había emprendido.

GÉNESIS 2:2

Jesús les dijo:
   —Vengan conmigo ustedes solos a un lugar tranquilo y descansen un poco.

MARCOS 6:31

SISTEMAS
Y LA SINERGIA

TODOS HACEN FALTA

Una historia popular dice que una orquesta se reunió para ensayar con el célebre director Sir Michael Costa. Cuando la música alcanzaba un *crescendo*, todos los instrumentos participaban, excepto uno. Distraído, al pícolo se le había traspapelado la partitura. Tenía la esperanza de que no se notara la ausencia de su instrumento. De repente, Costa bajó su brazo y silenció la orquesta. «¿Dónde está el pícolo?», preguntó. Para un director y un líder dotados, todas las partes del sistema son cruciales, incluso las que parecerían menos importantes.

Pablo observó que, aunque el cuerpo de Cristo lo compone muchas partes, sigue siendo *un* solo cuerpo. Aunque el cuerpo tiene gran diversidad, cada miembro es igualmente importante.

El énfasis de Pablo no tiene nada que ver con la anatomía humana. Quería asegurarse de que cada seguidor de Cristo se sintiera importante y tuviera la confirmación de que su contribución era crucial. Nadie tiene el derecho de comportarse como que está separado del

———

cuerpo. Ni tampoco los miembros del cuerpo de Cristo pueden envidiarse unos a otros.

Aunque desearemos ser diferentes, en definitiva, Dios nos creó a cada uno tal como quería y nos llama a servir con fidelidad en nuestra función singular. Así que en nuestra capacidad de líderes, debemos ver a cada miembro del equipo como parte crucial del sistema y debemos ayudar a cada individuo a descubrir su papel y ejercerlo.

El ojo no puede decirle a la mano: «No te necesito.» Ni puede la cabeza decirles a los pies: «No los necesito.» Al contrario, los miembros del cuerpo que parecen más débiles son indispensables ... a fin de que no haya división en el cuerpo, sino que sus miembros se preocupen por igual unos por otros. Si uno de los miembros sufre, los demás comparten su sufrimiento; y si uno de ellos recibe honor, los demás se alegran con él.

1 CORINTIOS 12:21-22,25-26

Uno solo puede ser vencido, pero dos pueden resistir. ¡La cuerda de tres hilos no se rompe fácilmente!

ECLESIASTÉS 4:12

SISTEMAS

Y LA SINERGIA

Hay un solo cuerpo y un solo Espíritu, así como también fueron llamados a una sola esperanza; un solo Señor, una sola fe, un solo bautismo; un solo Dios y Padre de todos, que está sobre todos y por medio de todos y en todos.

EFESIOS 4:4-6

No temas, que yo te he redimido; te he llamado por tu nombre; tú eres mío.

ISAÍAS 43:1

Antes de formarte en el vientre, ya te había elegido; antes de que nacieras, ya te había apartado.

JEREMÍAS 1:5

Tenemos dones diferentes, según la gracia que se nos ha dado. Si el don de alguien es el de profecía, que lo use en proporción con su fe; si es el de prestar un servicio, que lo preste; si es el de enseñar, que enseñe; si es el de animar a otros, que los anime; si es el de socorrer a los necesitados, que dé con generosidad; si es el de dirigir, que dirija con esmero; si es el de mostrar compasión, que lo haga con alegría.

ROMANOS 12:6-8

PALABRAS DE DIOS SOBRE LOS

SISTEMAS
Y LA SINERGIA

———

Unidos a Cristo ustedes se han llenado de toda riqueza, tanto en palabra como en conocimiento.

1 CORINTIOS 1:5

Ahora bien, hay diversos dones, pero un mismo Espíritu. Hay diversas maneras de servir, pero un mismo Señor. Hay diversas funciones, pero es un mismo Dios el que hace todas las cosas en todos. A cada uno se le da una manifestación especial del Espíritu para el bien de los demás. A unos Dios les da por el Espíritu palabra de sabiduría; a otros, por el mismo Espíritu, palabra de conocimiento; a otros, fe por medio del mismo Espíritu; a otros, y por ese mismo Espíritu, dones para sanar enfermos; a otros, poderes milagrosos; a otros, profecía; a otros, el discernir espíritus; a otros, el hablar en diversas lenguas; y a otros, el interpretar lenguas. Todo esto lo hace un mismo y único Espíritu, quien reparte a cada uno según él lo determina.

1 CORINTIOS 12:4-11

SISTEMAS

Y LA SINERGIA

———

Si tengo el don de profecía y entiendo todos los misterios y poseo todo conocimiento, y si tengo una fe que logra trasladar montañas, pero me falta el amor, no soy nada.

1 Corintios 13:2

Cada uno ponga al servicio de los demás el don que haya recibido, administrando fielmente la gracia de Dios en sus diversas formas.

1 Pedro 4:10

En realidad, preferiría que todos fueran como yo. No obstante, cada uno tiene de Dios su propio don: éste posee uno; aquél, otro.

1 Corintios 7:7

Dios le dio a Salomón sabiduría e inteligencia extraordinarias; sus conocimientos eran tan vastos como la arena que está a la orilla del mar.

1 Reyes 4:29

Pero lo que da entendimiento al hombre es el espíritu que en él habita; ¡es el hálito del Todopoderoso!

Job 32:8

UN EQUIPO VALEROSO

Una marca de un gran líder es la cantidad de personas de calibre que lo acompañan en su equipo. Más le vale a uno que trata de alcanzar grandes logros, que tenga la capacidad de reclutar un equipo valeroso. El equipo del rey David se componía de hombres valientes. Como David trató de hacer grandes logros, solo los valientes podían seguirle el paso. Los que no podían hacerlo, no se acoplarían al equipo.

David lo hizo así. Su equipo fue uno de los más celebres de todo el Antiguo Testamento. Varias cosas se destacan al considerar cómo David armó el equipo. Primero, pasó tiempo con ellos en batalla. Estos hombres fueron soldados de David en el fragor de la batalla. Su círculo de allegados consistía de hombres que lucharon con él. Conocía sus capacidades, pues los vio en acción con sus propios ojos.

Segundo, se sacrificó por ellos. Cuando tres de sus hombres arriesgaron la vida para obtener agua potable durante una batalla, David rehusó tomarla. El acto de sacrificio comunicó una profundidad de devoción y amor que

---

debe haber impresionado a esos guerreros. Tercero, disfrutaron juntos la victoria. Una vez tras otra David y sus hombres enfrentaron obstáculos al parecer insoslayables y vieron cómo Dios los liberó.

Por último, David los honró. A estos hombres los conocieron bien en toda la nación como los «hombres más valientes de David». Este nombre sirvió como señal distintiva. Una cosa es clara: David sabía que necesitaba ayuda. Nosotros también.

Dios el SEÑOR tomó al hombre y lo puso en el jardín del Edén para que lo cultivara y lo cuidara.

GÉNESIS 2:15

Seis días trabajarás, pero el día séptimo descansarán tus bueyes y tus asnos, y recobrarán sus fuerzas los esclavos nacidos en casa y los extranjeros.

ÉXODO 23:12

Las manos ociosas conducen a la pobreza; las manos hábiles atraen riquezas.

PROVERBIOS 10:4

TRABAJO EN EQUIPO

———

Trabajen durante seis días, pero el séptimo día, el sábado, será para ustedes un día de reposo consagrado al Señor. Quien haga algún trabajo en él será condenado a muerte.

Éxodo 35:2

Trabaja seis días, y haz en ellos todo lo que tengas que hacer, pero observa el séptimo día como día de reposo para honrar al Señor tu Dios. No hagas en ese día ningún trabajo, ni tampoco tu hijo, ni tu hija, ni tu esclavo, ni tu esclava, ni tu buey, ni tu burro, ni ninguno de tus animales, ni tampoco los extranjeros que vivan en tus ciudades. De ese modo podrán descansar tu esclavo y tu esclava, lo mismo que tú.

Deuteronomio 5:13-14

El que labra su tierra tendrá abundante comida, pero el que sueña despierto es un imprudente.

Proverbios 12:11

Y todo lo que te venga a la mano, hazlo con todo empeño; porque en el sepulcro, adonde te diriges, no hay trabajo ni planes ni conocimiento ni sabiduría.

Eclesiastés 9:10

TRABAJO EN EQUIPO

El de manos diligentes gobernará; pero el perezoso será subyugado.

PROVERBIOS 12:24

El perezoso no atrapa presa, pero el diligente ya posee una gran riqueza.

PROVERBIOS 12:27

El perezoso ambiciona, y nada consigue; el diligente ve cumplidos sus deseos.

PROVERBIOS 13:4

El dinero mal habido pronto se acaba; quien ahorra, poco a poco se enriquece.

PROVERBIOS 13:11

Todo esfuerzo tiene su recompensa, pero quedarse solo en palabras lleva a la pobreza.

PROVERBIOS 14:23

El que trabaja la tierra tendrá abundante comida; el que sueña despierto solo abundará en pobreza.

PROVERBIOS 28:19

Al que trabaja, el hambre lo obliga a trabajar, pues su propio apetito lo estimula.

PROVERBIOS 16:26

No te des al sueño, o te quedarás pobre; manténte despierto y tendrás pan de sobra.

PROVERBIOS 20:13

Los planes bien pensados: ¡pura ganancia! Los planes apresurados: ¡puro fracaso!

PROVERBIOS 21:5

¿Has visto a alguien diligente en su trabajo? Se codeará con reyes, y nunca será un Don Nadie.

PROVERBIOS 22:29

No le negué a mis ojos ningún deseo, ni a mi corazón privé de placer alguno, sino que disfrutó de todos mis afanes.

ECLESIASTÉS 2:10

Siembra tu semilla en la mañana, y no te des reposo por la tarde, pues nunca sabes cuál siembra saldrá mejor, si ésta o aquélla, o si ambas serán igual de buenas.

ECLESIASTÉS 11:6

¿GASTAR O PROGRAMAR EL TIEMPO?

Moisés había visto a su generación vagar sin dirección por el desierto. Por cuarenta años los israelitas anduvieron sin un destino específico. Viendo que al parecer estaban a la deriva fútil, Moisés clamó a Dios para que les diera alguna confirmación de la importancia. En esencia, Moisés dijo: «A menos que entendamos la brevedad de la vida y le demos valor al tiempo que nos queda, no importa si poco o mucho, *nunca* llegaremos a tener un corazón sabio.»

Aunque empleemos los principios de la administración del tiempo comprando un calendario (incluso uno electrónico de alto precio), usando una agenda mejor, no nos sería muy beneficioso si no entendemos el valor del tiempo. Lo cierto es que podemos mejorar la *programación* de nuestro tiempo sin mejorar la forma en que *gastamos* nuestro tiempo. ¡Conocer la diferencia muestra la sabiduría!

Al crecer, miramos hacia atrás y nos preguntamos a dónde se fue el tiempo. Cada uno tiene asignada una cantidad finita de días. Los gastamos errantes, sin una meta o un propósi-

---

to específico, o los contamos bien y adquiri-
mos un corazón de sabiduría.

A Dios le importa mucho la forma en que
una persona emplea el tiempo. Como los
líderes dirigen el uso del tiempo de otros y
del propio, duplican su responsabilidad sobre
el uso apropiado del tiempo. El primer principio de la administración del tiempo es
reconocer el valor que tiene y cómo redimirlo.
Hay que adquirirlo y usarlo con cuidado ya
que es un recurso invaluable.

Enséñanos a contar bien nuestros días, para
que nuestro corazón adquiera sabiduría.

SALMO 90:12

Hazme saber, SEÑOR, el límite de mis días,
y el tiempo que me queda por vivir; hazme
saber lo efímero que soy. Muy breve es la vida
que me has dado; ante ti, mis años no son nada.
Un soplo nada más es el mortal, un suspiro que
se pierde entre las sombras. Ilusorias son las
riquezas que amontona, pues no sabe quién se
quedará con ellas. Y ahora, Señor, ¿qué esperanza me queda? ¡Mi esperanza he puesto en ti!

SALMO 39:4-7

PALABRAS DE DIOS SOBRE LA
ADMINISTRACIÓN DEL
TIEMPO

¡Ni siquiera saben qué sucederá mañana! ¿Qué es su vida? Ustedes son como la niebla, que aparece por un momento y luego se desvanece. Más bien, debieran decir: «Si el Señor quiere, viviremos y haremos esto o aquello.»

SANTIAGO 4:14-15

Busquen al SEÑOR mientras se deje encontrar, llámenlo mientras esté cercano. Que abandone el malvado su camino, y el perverso sus pensamientos. Que se vuelva al SEÑOR, a nuestro Dios, que es generoso para perdonar, y de él recibirá misericordia.

ISAÍAS 55:6-7

Por eso los fieles te invocan en momentos de angustia; caudalosas aguas podrán desbordarse, pero a ellos no los alcanzarán.

SALMO 32:6

Porque él es nuestro Dios y nosotros somos el pueblo de su prado; ¡somos un rebaño bajo su cuidado! Si ustedes oyen hoy su voz, no endurezcan el corazón.

SALMO 95:7-8

Palabras de Dios sobre la
ADMINISTRACIÓN DEL
TIEMPO

———

Nos queda poco tiempo. De aquí en adelante
los que tienen esposa deben vivir como si no la
tuvieran; los que lloran, como si no lloraran;
los que se alegran, como si no se alegraran; los
que compran algo, como si no lo poseyeran; los
que disfrutan de las cosas de este mundo, como
si no disfrutaran de ellas; porque este mundo,
en su forma actual, está por desaparecer.

1 Corintios 7:29-31

Entonces [Jesús] les contó esta parábola:

—El terreno de un hombre rico le produjo
una buena cosecha. Así que se puso a pensar:
"¿Qué voy a hacer? No tengo dónde almacenar mi cosecha." Por fin dijo: "Ya sé lo que
voy a hacer: derribaré mis graneros y constru-
iré otros más grandes, donde pueda almacenar
todo mi grano y mis bienes. Y diré: Alma
mía, ya tienes bastantes cosas buenas
guardadas para muchos años. Descansa, come,
bebe y goza de la vida." Pero Dios le dijo:
"¡Necio! Esta misma noche te van a reclamar
la vida. ¿Y quién se quedará con lo que has
acumulado?"

»Así le sucede al que acumula riquezas
para sí mismo, en vez de ser rico delante de
Dios.

Lucas 12:16-21

ADMINISTRACIÓN DEL
TIEMPO

Hagan todo esto estando conscientes del tiempo en que vivimos. Ya es hora de que despierten del sueño, pues nuestra salvación está ahora más cerca que cuando inicialmente creímos. La noche está muy avanzada y ya se acerca el día. Por eso, dejemos a un lado las obras de la oscuridad y pongámonos la armadura de la luz.

ROMANOS 13:11-12

Por tanto, hermanos, tengan paciencia hasta la venida del Señor. Miren cómo espera el agricultor a que la tierra dé su precioso fruto y con qué paciencia aguarda las temporadas de lluvia. Así también ustedes, manténganse firmes y aguarden con paciencia la venida del Señor, que ya se acerca. No se quejen unos de otros, hermanos, para que no sean juzgados. ¡El juez ya está a la puerta!

SANTIAGO 5:7-9

Compórtense sabiamente con los que no creen en Cristo, aprovechando al máximo cada momento oportuno.

COLOSENSES 4:5

No te jactes del día de mañana, porque no sabes lo que el día traerá.

PROVERBIOS 27:1

VALORES

VALORES FIRMES PRODUCEN LÍDERES EFICIENTES

No se pueden comprometer los valores, son verdades irrebatibles que impulsan y guían el comportamiento. Nos motivan, nos dan el sentido de lo que hacemos. Y nos restringen, pues nos dan límites al comportamiento. La literatura de liderazgo está prestando mayor atención a la importancia de valores firmes para alcanzar la eficiencia.

El rey David dijo que la persona que disfruta de la presencia de Dios y vive una vida intachable es el que habla verdad de corazón (Salmo 15:1-2). Como esta persona valora la verdad en el corazón, sus palabras expresan verdad. Como valora la bondad, no le hace nada malo al prójimo. Como valora la sinceridad, cumple su palabra. Como valora la justicia, no acepta el soborno.

Los líderes motivados por los valores cosechan un gran beneficio del Señor. David dijo que nada le hará caer. A pesar de lo que pueda pasarles alrededor, pueden vivir con la plena confianza de que los buenos valores moldearon sus valores y dirigieron sus decisiones. Esa confianza les dará estabilidad emo-

---

cional y espiritual. Les permitirá ser líderes que Dios use para su gloria.

Al examinar tu vida, ¿qué valores impulsan tu comportamiento? Haz que tu meta sea integrar por completo los valores cristianos en tu vida profesional y personal.

Hermanos míos, ¿de qué le sirve a uno alegar que tiene fe, si no tiene obras? ¿Acaso podrá salvarlo esa fe? Supongamos que un hermano o una hermana no tienen con qué vestirse y carecen del alimento diario, y uno de ustedes les dice: «Que les vaya bien; abríguense y coman hasta saciarse», pero no les da lo necesario para el cuerpo. ¿De qué servirá eso?

SANTIAGO 2:14-16

Así que en todo traten ustedes a los demás tal y como quieren que ellos los traten a ustedes. De hecho, esto es la ley y los profetas.

MATEO 7:12

En efecto, toda la ley se resume en un solo mandamiento: «Ama a tu prójimo como a ti mismo.»

GÁLATAS 5:14

———

—"Ama al Señor tu Dios con todo tu
corazón, con todo tu ser y con toda tu mente»
—le respondió Jesús—. Éste es el primero y
el más importante de los mandamientos. El
segundo se parece a éste: "Ama a tu prójimo
como a ti mismo." De estos dos mandamientos dependen toda la ley y los profetas.

MATEO 22:37-40

¿Quién, SEÑOR, puede habitar en tu santuario? ¿Quién puede vivir en tu santo monte?
Solo el de conducta intachable, que practica la
justicia y de corazón dice la verdad; que no
calumnia con la lengua, que no le hace mal a
su prójimo ni le acarrea desgracias a su veci-
no; que desprecia al que Dios reprueba, pero
honra al que teme al SEÑOR; que cumple lo
prometido aunque salga perjudicado; que
presta dinero sin ánimo de lucro, y no acepta
sobornos que afecten al inocente. El que así
actúa no caerá jamás.

SALMO 15:1-5

El noble ... concibe nobles planes, y en sus
nobles acciones se afirma.

ISAÍAS 32:8

El fruto del Espíritu es amor, alegría, paz,
paciencia, amabilidad, bondad, fidelidad,
humildad y dominio propio. No hay ley que
condene estas cosas.

GÁLATAS 5:22-23

¡Ya se te ha declarado lo que es bueno! Ya se
te ha dicho lo que de ti espera el SEÑOR:
Practicar la justicia, amar la misericordia, y
humillarte ante tu Dios.

MIQUEAS 6:8

Pero lo que sale de la boca viene del corazón y
contamina a la persona. Porque del corazón
salen los malos pensamientos, los homicidios,
los adulterios, la inmoralidad sexual, los
robos, los falsos testimonios y las calumnias.

MATEO 15:18-19

Aleja de mí la falsedad y la mentira; no me
des pobreza ni riquezas sino solo el pan de
cada día. Porque teniendo mucho, podría
desconocerte y decir: «¿Y quién es el
SEÑOR?» Y teniendo poco, podría llegar a
robar y deshonrar así el nombre de mi Dios.

PROVERBIOS 30:8-9

¿Quién puede subir al monte del SEÑOR?
¿Quién puede estar en su lugar santo? Solo el
de manos limpias y corazón puro, el que no
adora ídolos vanos ni jura por dioses falsos.

SALMO 24:3-4

Nos regocijamos en la esperanza de alcanzar la
gloria de Dios. Y no solo en esto, sino también en nuestros sufrimientos, porque sabemos que el sufrimiento produce perseverancia;
la perseverancia, entereza de carácter; la
entereza de carácter, esperanza.

ROMANOS 5:2-4

Pero ten cuidado de no olvidar al SEÑOR tu
Dios. No dejes de cumplir sus mandamientos,
normas y preceptos que yo te mando hoy.

DEUTERONOMIO 8:11

Si hubiéramos olvidado el nombre de nuestro
Dios, o tendido nuestras manos a un dios
extraño, ¿acaso Dios no lo habría descubierto,
ya que él conoce los más íntimos secretos?

SALMO 44:20-21

Traten a los demás tal y como quieren que ellos
los traten a ustedes.

LUCAS 6:31

VISIÓN DIVINA

Hay pocas cosas más importantes para el liderazgo eficiente que la visión. Los buenos líderes pueden ver más allá de lo que divisan los demás, aunque sea vago y a la distancia. El líder santo juega un papel crucial en el desarrollo de la visión de la organización también.

Los líderes santos que siguen a Cristo deben tener en primer lugar una visión de quién es Dios y del futuro que tiene para ellos. Deben tener también un sentido del llamado de Dios para ellos.

El apóstol Pablo tenía ambas cosas. A través de una intervención milagrosa, le llevaron al cielo para ver imágenes que no se le permitía comunicar. Esa visión le permitió soportar opresión y dolor intenso con una fe inconmovible en Dios. Sin embargo, Pablo poseía una segunda visión. Esta era la de su ministerio terrenal. Sabía que Dios lo había llamado al ministerio a los gentiles.

Es crucial para un líder saber cómo identificar y cultivar una visión personal. Aunque Dios no te dé una visión del cielo como la de

VISIÓN

Pablo, te dará una de él mismo. A través de su Palabra se mostrará a sí mismo y te dará discernimiento de tu destino espiritual. Al buscarlo en su Palabra y en oración, pídele que te revele a sí mismo. Pídele que te dé una imagen precisa de la obra que te llamó a realizar con él.

El Señor recorre con su mirada toda la tierra, y está listo para ayudar a quienes le son fieles.

2 Crónicas 16:9

El Señor está en su santo templo, en los cielos tiene el Señor su trono, y atentamente observa al ser humano; con sus propios ojos lo examina.

Salmo 11:4

Los ojos del Señor están sobre los justos, y sus oídos, atentos a sus oraciones.

Salmo 34:15

Examíname, oh Dios, y sondea mi corazón; ponme a prueba y sondea mis pensamientos. Fíjate si voy por mal camino, y guíame por el camino eterno.

Salmo 139:23-24

VISIÓN

Dejen de hablar con tanto orgullo y altivez; ¡no profieran palabras soberbias! El SEÑOR es un Dios que todo lo sabe, y él es quien juzga las acciones.

1 SAMUEL 2:3

Ahora bien, la fe es la garantía de lo que se espera, la certeza de lo que no se ve.

HEBREOS 11:1

Vivimos por fe, no por vista.

2 CORINTIOS 5:7

Porque en esa esperanza fuimos salvados. Pero la esperanza que se ve, ya no es esperanza. ¿Quién espera lo que ya tiene?

ROMANOS 8:24

Así que no nos fijamos en lo visible sino en lo invisible, ya que lo que se ve es pasajero, mientras que lo que no se ve es eterno.

2 CORINTIOS 4:18

Se mantuvo firme como si estuviera viendo al Invisible.

HEBREOS 11:27

Dichosos los de corazón limpio, porque ellos
verán a Dios.

MATEO 5:8

Entonces Eliseo oró: «SEÑOR, ábrele a Guiezi
los ojos para que vea.» El SEÑOR así lo hizo, y
el criado vio que la colina estaba llena de caballos y de carros de fuego alrededor de Eliseo.

2 REYES 6:17

Afirma tus planes con buenos consejos;
entabla el combate con buena estrategia.

PROVERBIOS 29:18

Jesús les dijo:

—¿Por qué están hablando de que no
tienen pan? ¿Todavía no ven ni entienden?
¿Tienen la mente embotada? ¿Es que tienen
ojos, pero no ven, y oídos, pero no oyen?
¿Acaso no recuerdan?

MARCOS 8:17-18

Entonces se les abrieron los ojos y lo reconocieron, pero él desapareció

LUCAS 24:31

SABIDURÍA

SABIDURÍA
SOBRESALIENTE

La sabiduría es escurridiza y al parecer no es fácil de conseguir. Algunas personas son astutas y sagaces, otras están bien informadas y altamente educadas, pero pocas manifiestan la calma de la sabiduría profunda. La sabiduría es el don de usar el mejor medio en el momento más oportuno para llegar al mejor fin. No se trata solamente de información o conocimiento, sino de aplicación práctica y habilidosa de la verdad a las facetas comunes de la vida.

Este es el principio crítico de la sabiduría: La persona que rehúsa obrar sobre la base de su conocimiento, rechaza el consejo sabio y pasa por alto el consejo prudente va a meterse en problemas. Cuando se encuentre desesperada, la buena información perseguirá a esa persona. Toda la confusión vendrá de su cabeza. Cuando busque una salida inteligente al pozo que ella misma cavó, la sabiduría se habrá ausentado.

La visión a largo plazo es una preposición básica de la sabiduría. El necio vive el momento presente, mientras que el prudente considera las consecuencias duraderas de la

SABIDURÍA

---

acción actual. La próxima vez que escuches
que alguien dice: «¿Por qué no lo hice de otra
manera?», o «¿Por qué no presté atención?»,
o «¿Cómo pude ser tan tonto?», reconocerás
este canto de sabiduría tardía.

La sabiduría llama. Algunos la oyen. Otros
no. «¿Qué líder cuerdo no quisiera tener una
herramienta tan valiosa?»

Tus mandamientos me hacen más sabio que mis
enemigos porque me pertenecen para siempre.

SALMO 119:98

Temer al Señor: ¡eso es sabiduría! Apartarse
del mal: ¡eso es discernimiento!

JOB 28:28

El SEÑOR dice: «Yo te instruiré, yo te
mostraré el camino que debes seguir; yo te
daré consejos y velaré por ti.»

SALMO 32:8

Dijo Dios: «Yo te guío por el camino de la
sabiduría, te dirijo por sendas de rectitud.
Cuando camines, no encontrarás obstáculos;
cuando corras, no tropezarás.»

PROVERBIOS 4:11-12

SABIDURÍA

Jesús dijo: «Todo el que me oye estas palabras y las pone en práctica es como un hombre prudente que construyó su casa sobre la roca. Cayeron las lluvias, crecieron los ríos, y soplaron los vientos y azotaron aquella casa; con todo, la casa no se derrumbó porque estaba cimentada sobre la roca.»

Mateo 7:24-25

Adquiere sabiduría, adquiere inteligencia; no olvides mis palabras ni te apartes de ellas. No abandones nunca a la sabiduría, y ella te protegerá; ámala, y ella te cuidará. La sabiduría es lo primero. ¡Adquiere sabiduría! Por sobre todas las cosas, adquiere discernimiento.

Proverbios 4:5-7

Pero, ¿dónde se halla la sabiduría? ¿Dónde habita la inteligencia? Nadie sabe lo que ella vale, pues no se encuentra en este mundo.

Job 28:12-13

Confía en el Señor de todo corazón, y no en tu propia inteligencia. Reconócelo en todos tus caminos, y él allanará tus sendas. No seas

---

sabio en tu propia opinión; más bien, teme al
SEÑOR y huye del mal.

PROVERBIOS 3:5-7

Ya sea que te desvíes a la derecha o a la izquier-
da, tus oídos percibirán a tus espaldas una voz
que te dirá: «Éste es el camino; síguelo.»

ISAÍAS 30:21

La sabiduría que desciende del cielo es ante
todo pura, y además pacífica, bondadosa,
dócil, llena de compasión y de buenos frutos,
imparcial y sincera.

SANTIAGO 3:17

Hijo mío, si haces tuyas mis palabras y atesoras
mis mandamientos; si tu oído inclinas hacia la
sabiduría y de corazón te entregas a la inteligencia; si llamas a la inteligencia y pides discernimiento; si la buscas como a la plata, como
a un tesoro escondido, entonces comprenderás
el temor del SEÑOR y hallarás el conocimiento
de Dios. Porque el SEÑOR da la sabiduría;
conocimiento y ciencia brotan de sus labios.

PROVERBIOS 2:1-6

Adaptado de las notas escritas por el Dr.
Kenneth Boa, el Dr. Sid Buzzell y Bill Perkins.

Otros títulos para disfrutar en la serie de
libros de regalo, incluyen:

Palabras de Vida
Devocionales y pasajes de la Nueva Versión
Internacional para la mujer

Gozo para el Alma de la Mujer
Promesas para renovar tu Espíritu

Palabras de Vida para Parejas
de la Nueva Versión Internacional

Nos agradaría recibir noticias suyas.
Por favor, envíe sus comentarios sobre este libro
a la dirección que aparece a
continuación. Muchas gracias.

Editorial Vida
8325 NW 53rd St., Suite 100
Miami, Florida 33166
Vidapub.sales@harpercollins.com
http://www.editorialvida.com